Schriftenreihe: Bauwirtschaft und Projektmanagement

Heft Nr. 2

Herausgeben vom
Institut für Baubetrieb, Bauwirtschaft und Baumanagement
Univ.Prof. E. Schneider und Univ.Prof. A. Tautschnig
Baufakultät der Universität Innsbruck

Organisationsstrukturen für ein Planungsbüro

Dipl.-Ing. Susanne Kluibenschedl-Liedl

innsbruck university press

Die Deutsche Bibliothek – CIP-Einheitsaufnahme

Ein Titeldatensatz für diese Publikation ist bei der Deutschen Bibliothek erhältlich.

ISBN 3-901249-58-3

© Universität Innsbruck, Innrain 52, A-6020 Innsbruck

http://www.university-press.at

Herstellung Books on Demand GmbH

Vorwort

Der plötzliche Konkurs der Baufirma, in der ich als Architektin zwei Jahre tätig war lang tätig war, gab den Anstoß, mich nicht nur praktisch, sondern auch theoretisch mit Organiationssturkturen und deren verschiedene Formen auseinander zusetzen.

Ausgezeichnet unterstützt wurde ich dabei von Herrn em. Univ.-Prof. Dipl.-Ing. Heimo Lessmann, der mich sowohl während der Zeit da ich noch bei der Baufirma arbeitete, als auch während meiner Tätigkeit als Universitätsassistentin am Institut für Baubetrieb, Bauwirtschaft und Baumanagement hervorragend betreute. Herrn Prof. Lessmann gilt mein ganz besonderer Dank.

Dank geht auch an meine Eltern, die mich während meines gesamten beruflichen Werdeganges so gut unterstützt haben. Vor allem mein Vater hat mir sehr wertvolle Hilfestellungen zu meiner Dissertation gegeben.

Innsbruck, im August 2002

Kapitelübersicht

Inhaltsverzeichnis

Kurzfassung

Vor dem Hintergrund der wirtschaftlichen Veränderungen, die im gesamten mittel-europäischen Raum spürbar sind, wird sowohl in der Öffentlichkeit als auch in den Unternehmen selbst viel über effiziente Organisationsstrukturen gesprochen.

Zunehmender Konkurrenzdruck und das Einhalten von Kosten und Terminen zwingen die Unternehmen dazu darüber nachzudenken, wie die eigene Produktivität und Leistungsfähigkeit gesteigert werden kann. Ebenso sind die ständig steigenden Personalkosten für die Unternehmen zum wirtschaftlichen wie politischen Streitpunkt geworden. Die Arbeitskraft in Mitteleuropa ist „teuer“.

Aus diesem Grund benötigen Unternehmen Führungskonzepte und Organisationsstrukturen, die eine flexible und unkomplizierte Reaktion auf Marktveränderungen ermöglichen, sodass die Betriebe effizient arbeiten.

In dieser Arbeit sollen am Beispiel eines Planungsbüros (Architektur- und/oder Ingenieurbüro) Möglichkeiten aufgezeigt werden, wie ein Unternehmen in Zukunft wirtschaftlich, d.h. gewinnbringend arbeiten kann.

Dazu werden im ersten Abschnitt Tätigkeitsbereiche eines Planungsbüros näher untersucht und mögliche neue Aufgabengebiete für die Zukunft vorgeschlagen.

Die folgenden Kapitel beschäftigen sich mit der Größe eines Planungsbüros, dessen Ausstattung und Raumaufteilung sowie mit Möglichkeiten innerbetrieblicher Organisations-Strukturierung. Im Kapitel „Organisationsstrukturen in einem Planungsbüro“ werden Vorschläge gemacht, wie die Arbeitseinteilung, Informationsfluss, Mitarbeitermotivation etc. in einem Büro dieser Art aussehen könnten.

Grundlage der Überlegungen zu möglichen innerbetrieblichen Organisationsstrukturen bildet der „Katalog“ im letzten Teil der Arbeit, der eine Reihe von Denkansätzen enthält, wie Arbeitseinteilung, Qualitätsmanagement, Informationsfluss und Mitarbeitermotivation in einem Planungsbüro erfolgen könnte.

Abstract

Against a background of economic changes noticable in the whole of Central Europe, the optimizing of company organizations is a common theme in business circles and the general public alike.

The increasing pressure of competition and the necessity of keeping to costs and deadlines are forcing firms to consider how their own productivity and performance can be improved. The steadily increasing employee costs for companies have become a political as well a business issue. Labour in Central Europe is „expensive".

Because of this, firms require a management philosophy and organizational structure that can react in a flexible and uncomplicated way to market changes, allowing the organization to remain efficient.

This thesis uses the example of a planning office (architectural and/or engineering) to demonstrate how a company can function efficiently and profitably in the future.

In the first part, the scope of work undertaken by a planning office is examined and proposals are made as to how this might be expanded.

The later chapters are concerned with the size of a planning office, its use of space and furnishings as well as different possibilities for internal organizational structuring.

The chapter „Organizational structures in a planning office" makes proposals as to how the division of work, information flow, employee motivation etc could be implemented in an office of this type.

The basic concepts of changes to internal organizational structures forms the „catalog" in the final part of this paper and contains a list of ideas on this theme.

by the owner, in particular a good general design and a sound cost estimate. If these conditions are fulfilled, the model can be applied successfully.

1 Einleitung

1.1 Gedanken zur wirtschaftlichen Entwicklung

1.1.1 Allgemeines

Die Baubranche ist in den letzten Jahren infolge immensen Kostendrucks und stetigen Nachfragerückgangs in Schwierigkeiten geraten. Die Tendenzwende in der Wirtschaft hat die Grenzen des Wachstums aufgezeigt und besonders auf dem Gebiet der Bauwirtschaft deutlich gemacht, dass Steigerungsraten der früheren Jahre der Vergangenheit angehören. Das Bauvolumen wuchs nicht mehr parallel zur allgemeinen wirtschaftlichen Entwicklung an, sondern blieb seit der Rezession 1973 bis 1975 hinter dem Bruttosozialprodukt einer Volkswirtschaft zurück. Dementsprechend verknappten sich die Planungs- und Bauaufträge. Aus diesem Grund wurde die gesamte Branche nicht nur zum Abbau von Kapazitäten gezwungen, sondern musste sich auch durch Verlagerung oder Veränderung des eigenen Leistungsangebotes und durch Umstrukturierung der Unternehmensorganisation der veränderten Wirtschaftssituation anpassen.

Zu Beginn der 90-er Jahre konnte man feststellen, dass Planungs- und Bauaufgaben durch die öffentliche Hand spürbar ausblieben. Bereits bestehende Verträge wurden nicht mehr verlängert oder sogar gekündigt. Hauptgrund für den Mangel an öffentlichen Aufträgen ist die finanzielle Lage der meisten mitteleuropäischen Staaten. Öffentliche Aufträge werden infolge von Sparpaketen seitens des Bundes und der Länder nicht mehr in dem Ausmaß vergeben wie früher.

Man kann sagen, dass aufgrund dieser Veränderung in der Baubranche von Seiten der Investoren auch langfristig mit dem Rückgang von Planungsleistungen, insbesondere des Entwurfs- und Objektbearbeitungsteils mit seinen gestalterischen, funktionellen, technisch-konstruktiven und wirtschaftlichen Entscheidungen zu rechnen ist. Gleichzeitig steigt die Zahl der Architekten und Ingenieure insgesamt, was sicherlich mit dem Ausbau des Bildungssystems zusammenhängt. So trifft also verminderte Nachfrage nach Architekten- und Ingenieurleistungen auf eine vermutlich zu große Architekten- und Ingenieurschaft.

1.1.2   Die wirtschaftliche Entwicklung in Österreich und Tirol

Die wirtschaftliche Entwicklung in Österreich und Tirol anhand von Produktionswerten der Bauwirtschaft zeigt laut einer Studie der Arbeiterkammer Tirol eine leichte Negativentwicklung:

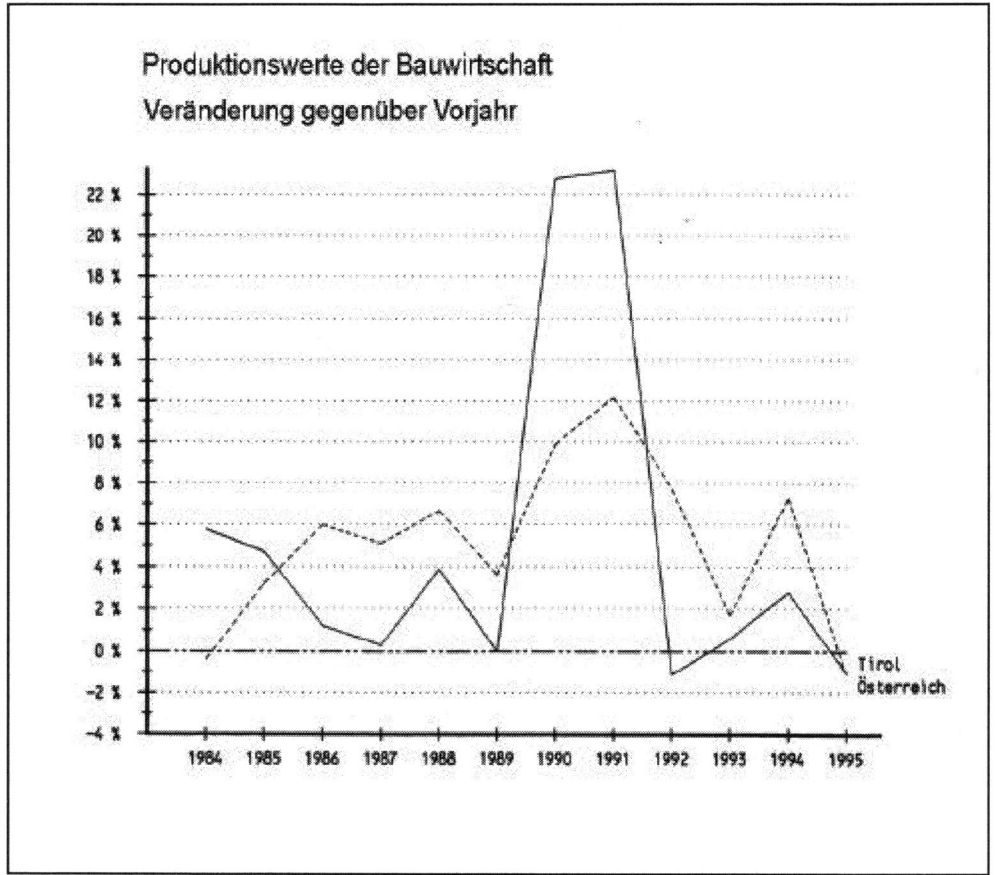

Abbildung 1: Produktionswerte der Bauwirtschaft (Quelle: Wirtschaft- und sozialstatistisches Jahrbuch 1995; Herausgeber: Kammer für Arbeiter und Angestellte für Tirol; Verlagsort: Innsbruck)

Auch die Wirtschaftsprognosen für 1998, lt. Monatsbericht des WIFO 1/98, zeigen kaum eine Änderung der bestehenden Situation. Erst 1998/99 wird ein leichter Aufwärtstrend prognostiziert.

Prognose	1996	1997	1998	1999
Bruttoinlandsprodukt	1,60%	2,00%	2,70%	3,10%
Bauwesen	2,80%	1,00%	1,50%	2,10%
Beschäftigte	-0,60%	0,40%	0,60%	0,90%

Abbildung 2:: Wirtschaftsprognosen (Quelle· Statistische Kurzinformation der Bundesinnung der Baugewerbe und des österreichischen Baumeisterverbands; WIFO Monatsbericht 1/98)

1.1.3   Generalplaner kontra Planungsbüro

Eine große Konkurrenz für die Architekten- und Ingenieurbüros (Planungsbüros) bilden gewerbliche Anbieter von Planungsleistungen (Bauindustrie), die zusätzlich zu ihrer ausführenden Tätigkeit die Planungsleistungen anbieten (Generalunternehmer).

Diese haben die Möglichkeit, die Arbeitsleistungen ihrer lohnabhängigen Architekten und Ingenieure auf dem Planungsmarkt billiger anzubieten, weil sie das wirtschaftliche Ergebnis der Planungstätigkeit mit anderen Wirtschaftsergebnissen, wie zum Beispiel Finanzierungsleistungen, Bauleistungen, Managementleistungen, Baustoffhandel etc. verrechnen.

So können sie diese Vorteile in Zeiten wirtschaftlicher Schwierigkeiten nutzen und verstärken dadurch ihre Marktposition zusätzlich durch Abgabe von Preisgarantien und festen Fertigstellungsterminen, die für viele Investoren aufgrund der hohen Finanzierungskosten von großer Bedeutung sind.

Die Frage bleibt natürlich offen, ob diese Garantien auch wirklich Vorteile für den Bauherrn bringen. Das soll hier aber nicht diskutiert werden.

1.2   Folgen der wirtschaftlichen Entwicklung

Man kann sagen, dass sich in der Vergangenheit nur wenige Architektur- und Ingenieurbüros (in weiterer Folge als „Planungsbüros" bezeichnet) mit betriebswirtschaftlichen Überlegungen und Fragen zur Strukturierung des eigenen Unternehmens beschäftigt haben. Oft wurde das Hauptaugenmerk nur auf die eigentliche Arbeit des Planers gerichtet, nämlich die Ausführung der Bauaufgabe, auf künstlerische Überlegungen, auf die eigene kreative und planerische Tätigkeit.

Entschuldbar war dies in der Vergangenheit nur solange, wie das Büro laufende Umsatzsteigerungen und wachsende Gewinne zu verzeichnen hatte. Bei sinkenden Umsätzen und gleichbleibenden oder steigenden Kosten vermindert sich der Reingewinn eines Planungsbüros in dem Maße, wie Aufwand und Ertrag sich einander nähern. Spätestens, wenn dieser Fall eingetreten ist, muss sich das Planungsbüro Gedanken über die eigene Wirtschaftlichkeit machen.

Betriebswirtschaftliche Überlegungen und eine rationelle, wirtschaftliche Führung eines Planungsbüros sind heutzutage unumgänglich. Der unternehmerische Gewinn ist letztlich maßgebend für das Bestehen eines Büros.

Dieser unternehmerische Gewinn wird jedoch durch steigende Betriebskosten und steigende Kosten für Arbeitskräfte (Personalkosten) immer mehr geschmälert. Oft kommt noch hinzu, dass Planer nicht nach dem von der Honorarordnung vorgeschlagenen Honorar abgerechnet, sondern oft darunter, nur um einen Auftrag zu behalten oder zu bekommen. Honorarnachlässe bis zu 50 % sind keine Seltenheit.

In den letzten zwanzig Jahren sind die Personalkosten und damit verbunden die Personalnebenkosten zu einem Hauptfaktor in der Kalkulation geworden.

Menschliche Arbeit nimmt im mitteleuropäischen Raum einen großen Prozentsatz des Gesamtaufwands einer Produktion oder Dienstleistung ein.

Die Baubranche gehört zu den Bereichen, die ein hohes Maß an menschlicher Arbeitskraft erfordern. Planungs- und Bauarbeiten können nicht, zumindest nur in beschränktem Maß, durch Maschinen und kostengünstigere, maschinelle Produktionsweisen ersetzt werden. Insbesondere Planungsleistungen, sogenannte „Dienstleistungen", sind fast zur Gänze auf den Einsatz des Produktionsfaktors „Personal" angewiesen. Das nachfolgende Diagramm zeigt beispielhaft die Kostenstruktur von Planungsbüros in Tirol (Österreich) mit 10 und mehr Beschäftigten:

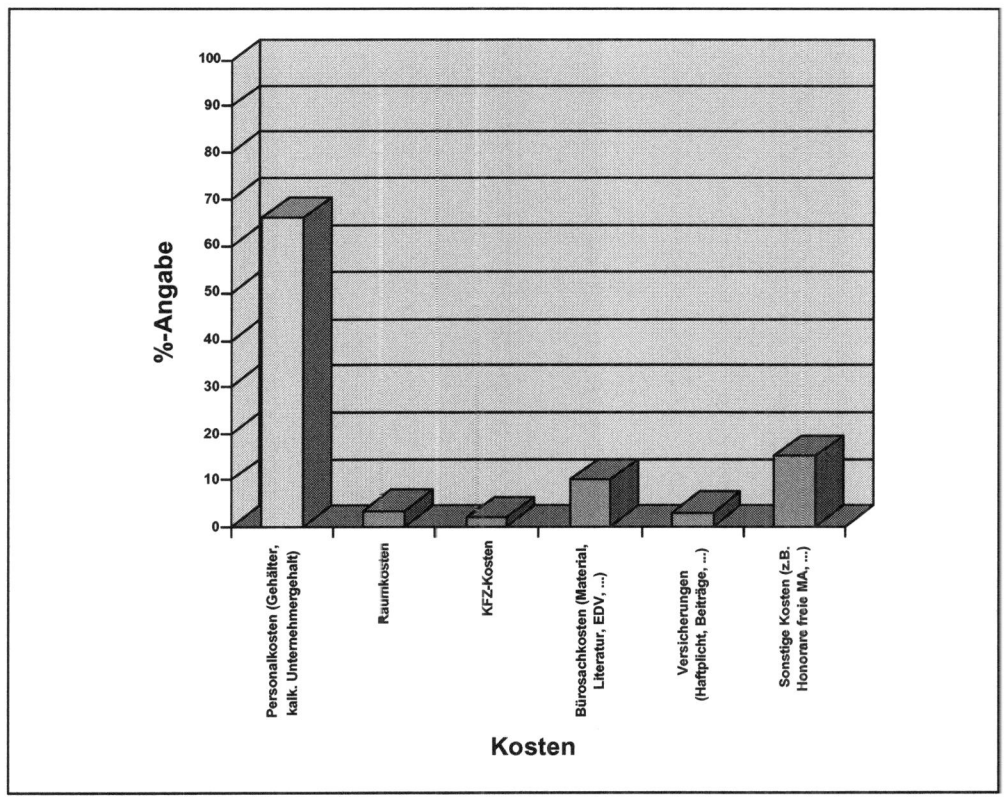

Abbildung 3: Kostenstrukturanalyse der Planungsbüros in Tirol (Quelle: Statistische Ermittlungen der Arbeiterkammer von Tirol und der Kammer der Architekten und Ingenieurkonsulenten Innsbruck, Stand: 08/1997)

Aufgrund der hohen Personalkosten ist es unumgänglich, sich mit den Mitarbeitern (Personal) und dem Zusammenspiel der einzelnen Aufgaben in einem Planungsbüro (Büroorganisation) auseinander zusetzen.

Um die Möglichkeit zu haben, gewinnbringend zu arbeiten, sollte man sich Gedanken machen über die Organisationsstruktur eines Büros, über die Arbeitsabläufe, über die sinnvolle Arbeitsein- und verteilung auf die Mitarbeiter, über die Routinisierung und Rationalisierung der Arbeit.

Menschliche Arbeit ist teuer-

Es gilt, sie

- effizient

- nutzbringend

- zeit- und kostensparend

einzusetzen

2   Vorstellungen für ein Planungsbüro

2.1   Die Bürogröße/Mitarbeiteranzahl eines Planungsbüros

Wie aus einer Auswertung des Instituts für Freie Berufe der Universität Erlangen-Nürnberg (1991) auf Grundlage von Angaben des Statistischen Bundesamtes über Arbeitsstättenzählungen in der BRD (1970-1987) hervorgeht, beschäftigt der Großteil der Planungsbüros in Deutschland 1 bis max. 20 Mitarbeiter, wobei der Schwerpunkt bei einer Bürogröße von ca. 1 - 4 Mitarbeitern pro Büro liegt:

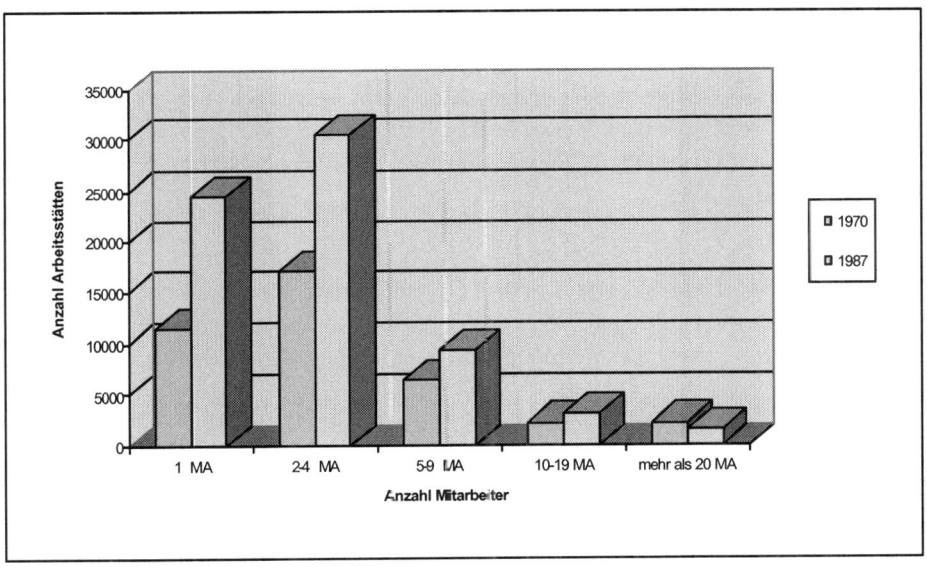

Abbildung 4: Mitarbeiteranzahl pro Arbeitsstätte

Bürogröße/Mitarbeiteranzahl für ein Planungsbüro der Zukunft:

10 bis 30 Mitarbeiter

Grundlage der Überlegungen zur Erarbeitung einer wirtschaftlichen Organisationsstruktur für ein Planungsbüro ist die **Annahme der Bürogröße mit einer Mitarbeiteranzahl zwischen 10 bis 30 Personen.**

Größere Büros (mehr als 10 Beschäftigte) können im Konkurrenzkampf der freien Marktwirtschaft auf Veränderungen flexibler reagieren als kleinere Büros.

Dies ist einerseits betriebswirtschaftlich bedingt in Form größerer Ressourcen und Mittel. Größere Büros haben in der Regel bessere finanzielle Voraussetzungen, um große Projekte bearbeiten zu können. Andererseits können derartige Büros aufgrund größerer personeller Kapazitäten Leistungen auf verschieden Gebieten anbieten, somit also vielfältiger arbeiten, d.h. ihr Leistungsspektrum ist größer.

Vielen Bauherrn erscheint dies als Vorteil, da die Gesamtleistung in einer Hand bleibt (z.B. **Generalplaner**). Bauherrn beauftragen auch gerne große Büros, um einen kompetenten Ansprechpartner zu haben, was die Kommunikation in vielen Fällen natürlich erheblich erleichtert.

Diese Überlegungen lassen den Schluss zu, dass ein Planungsbüro mit

10 bis 30 Mitarbeitern

bei den harten Wettbewerbsrandbedingungen in Zukunft bessere Chancen hat,

Aufträge zu bekommen, als ein kleineres Planungsbüro.

2.2   Ziele, Aufgaben und Tätigkeitsbereiche eines Planungsbüros

Die wohl wichtigste Aufgabe in einem Planungsbüro ist die Festlegung der Leistungen und Tätigkeitsbereiche, die das Büro auf dem Markt anbieten kann. Gerade in der heutigen Zeit vor dem Hintergrund zunehmender wirtschaftlicher Schwierigkeiten auf dem Bausektor (Rezession, Nachfragerückgang aufgrund von Umorientierung und Strukturwandel auf Auftraggeberseite (Investoren),...) kommt dieser Frage sehr große Bedeutung zu. Nur wer sich Gedanken macht über das eigene Leistungsspektrum, über neue, künftige Aufgabengebiete und bezahlte „Dienst"-Leistungen, wird am Markt in Zukunft erfolgreich bestehen können.

Wie könnte dieses Leistungsspektrum eines Planungsbüros künftig aussehen?

2.2.1   Das Leistungsspektrum eines Planungsbüros der Zukunft

> *- Anbieten von „klassischen" Planungsleistungen*
>
> *- Anbieten von Spezialgebieten*
>
> *- Neue Aufgabengebiete*

Eine Möglichkeit ist davon auszugehen, dass, je mehr Leistungen ein Planungsbüro anbieten und übernehmen kann, die Chancen umso größer sind, durch Steigerung der Wettbewerbsfähigkeit am Markt zu bestehen.

Mehrere Standbeine schaffen höhere wirtschaftliche Sicherheiten, da auf mehreren Gebieten bezahlbare Leistungen angeboten und erbracht werden können.

In der letzten Zeit ist auch ein gewisser Trend zum „Generalplaner" zu beobachten. Bauherren neigen dazu, Bauaufgaben in „eine Hand" zu legen. Man verspricht sich davon eine einfachere Kommunikationsbasis, weniger Reibungsverluste aufgrund geringerer Informationsdefizite und somit einen vereinfachten und dadurch wirtschaftlich günstigeren Projektablauf.

Die Leistungen eines Planungsbüros könnten demnach folgendermaßen aussehen:

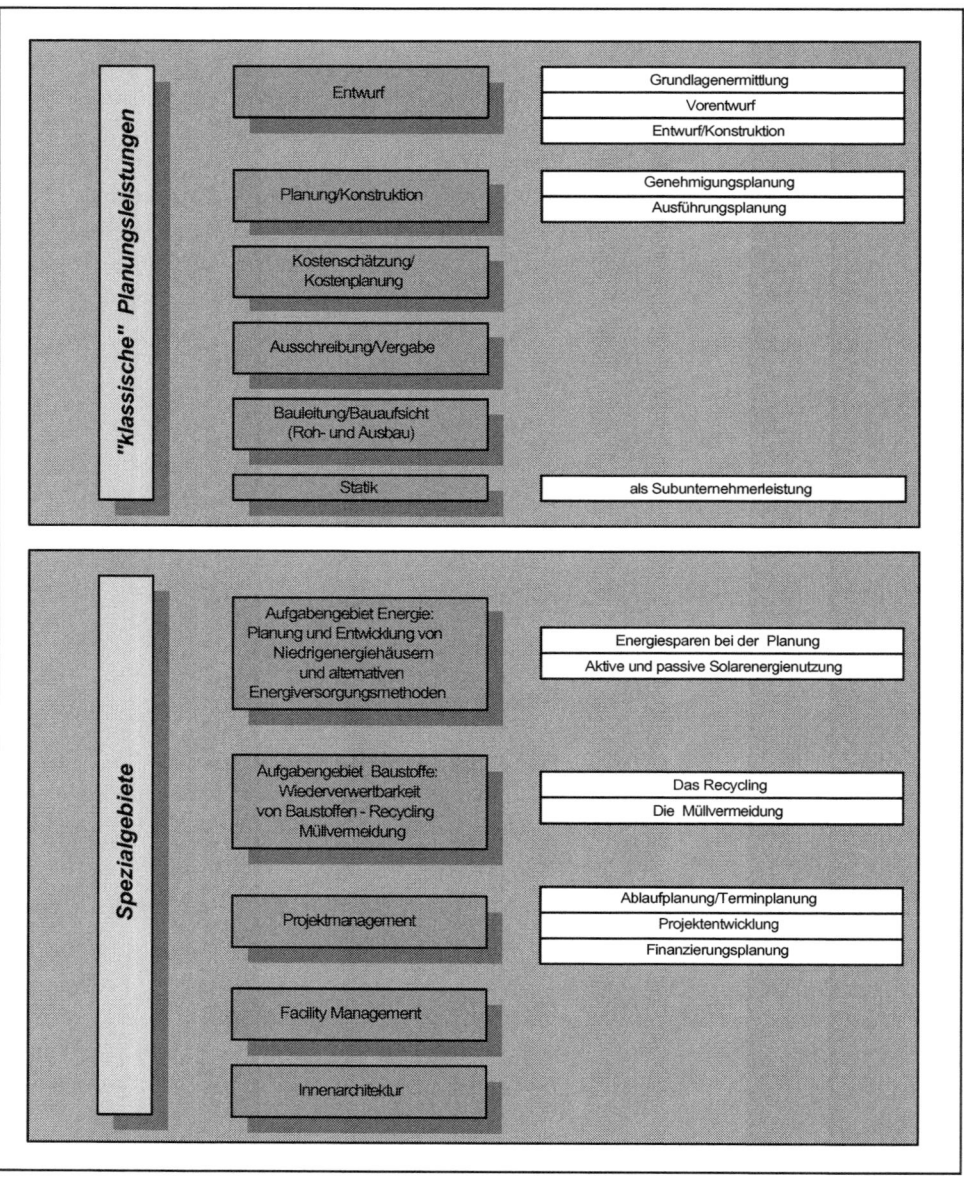

Abbildung 5: Leistungsspektrum eines Planungsbüros

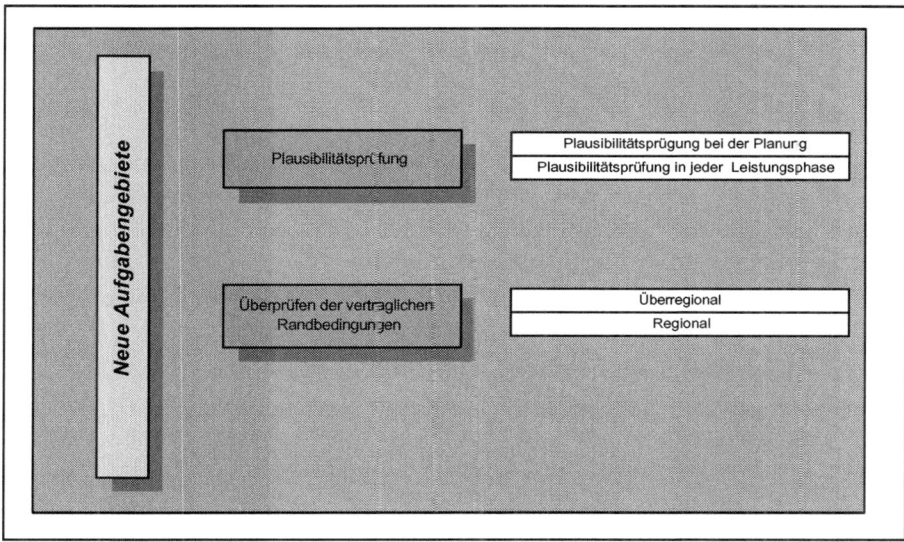

Abbildung 6: Leistungsspektrum eines Planungsbüros

Das Planungsbüro soll also im Wesentlichen in drei Bereichen tätig werden:

- dem „klassischen" Leistungsbereich
- den „Spezialgebieten" und den
- „neuen Aufgabengebieten",

die dem Planungsbüro als zusätzliche Standbeine zur Sicherung der Wettbewerbsfähigkeit am freien Markt dienen sollen.

In weiterer Folge werden die einzelnen Tätigkeitsbereich näher definiert und beschrieben.

2.2.2 Die klassischen Planungsleistungen eines Planungsbüros

2.2.2.1 Entwurf

Grundlagenermittlung

Die Frage, was der Bauherr möchte und um welche Art Bauvorhaben es sich handelt, ist in den meisten Fällen bei Auftragsvergabe bereits geklärt. Bei der Grundlagenermittlung sollen die Randbedingungen zum Bau des Objektes definiert und analysiert werden. Der Planer hat in dieser Phase vorwiegend beratende Funktion. **Entscheidungshilfen** werden gemeinsam mit dem Bauherrn formuliert, zum Beispiel für die Auswahl anderer an der Planung fachlich Beteiligter.

Beispiele für Grundlagenermittlung: Erstellen von Bestandsaufnahmen, Aufstellen von Raum- und Funktionsprogrammen, Prüfen der Umweltverträglichkeit, Feststellen der Situation vor Ort (wie sieht das Grundstück aus, was ist vorhanden (Bestand), Denkmalschutz), welche Randbedingungen sind zu beachten (Altlasten, Servitute, Bodenqualität), etc.

Ergebnis der Grundlagenermittlung ist eine Zusammenfassung der Grundlagen, Randbedingungen und Voraussetzungen zum Bau des geplanten Projekts, aus denen in weiterer Folge ein Planungsauftrag resultieren kann.

Vorentwurf

Die Grundlagenermittlung bildet die Basis des Vorentwurfs. Unter Berücksichtigung der Rahmenbedingungen und Zielvorstellungen des Bauherrn können nun die Programmziele festgelegt werden, z.B. Definition der Raumnutzungen, Erstellung eines Raumprogramms, Darstellung der Arbeitsabläufe, technische Einrichtungen, etc. Vorverhandlungen mit Behörden über die Genehmigungsfähigkeit des Bauvorhabens werden oft auch schon im Vorentwurfsstadium geführt.

Ergebnis ist ein Planungskonzept mit zeichnerischer Darstellung der Bauaufgabe. Beispielsweise kann das Objekt durch Strichskizzen, gegebenenfalls mit erläuternden Angaben, dargestellt werden.

Fast immer wird vom Bauherrn eine Grobkostenschätzung zur Festlegung des Kostenrahmens und des Investitionsumfangs auf Basis der zeichnerischen Darstellung verlangt, da die Kosten oft ausschlaggebend für den Planungsumfang und die Größe des zu errichtenden Objektes sind. In dieser Phase können auch schon andere, fachlich an der Planung Beteiligte integriert werden, u.a. Statiker, Bodengutachten, Bauphysiker.

Entwurf/Konstruktion

Der Entwurf ist die zeichnerische Umsetzung aller im Vorentwurf, der Grundlagenermittlung und den Bauherrengesprächen erarbeiteten Anforderungen, Vorstellungen und Wünsche. Dabei wird die Planungsaufgabe stufenweise zeichnerisch gelöst. Gespräche mit dem Bauherren sind in dieser Phase besonders wichtig. Neben praktischen, funktionalen, technischen und bauphysikalischen Überlegungen (z. B.: Verwendung alternativer Energien, umweltschonender Baustoffe, ...) spielen auch künstlerische Ideen bei der Gestaltung des Projektes eine große Rolle. Meist erfolgt eine genauere Kostenberechung, um den Budgetrahmen besser definieren zu können. In diesem Stadium werden konkrete Verhandlungen mit Behörden und anderen an der Planung fachlich Beteiligten über die Genehmigungsfähigkeit und technische Machbarkeit geführt. Ergebnis des Entwurfs ist die zeichnerische Darstellung des Gesamtprojektes (Maßstab nach Art und Größe des Bauvorhabens, z.B. Einfamilienhaus: 1:100, Freianlagen 1:500)

2.2.2.2 Planung/Konstruktion

Genehmigungsplanung

Die Genehmigungsplanung setzt den Entwurf um in eine den öffentlich-rechtlichen Vorschriften genügende Form. Dazu gehört die Einholung der für die Errichtung des Objektes erforderlichen Genehmigungen, die Ausarbeitung der Bauanträge und schließlich die Einreichung der gesamten Unterlagen bei der Behörde.

Ausführungsplanung (Polierplanung)

Die Ausführungsplanung soll das Projekt „baubar" machen. Dazu gehört die gestalterische, technische und bauphysikalische Ausarbeitung des Entwurfs. Auch die behördlichen Vorschriften, die aus der Genehmigungsplanung hervorgehen, müssen in dieser Phase in die Ausführungspläne und in das Gesamtkonzept eingearbeitet werden. Die Integration der Planung fachlich Beteiligter wie z.b. Heizung-, Lüftung-, Sanitärplaner, Elektroplaner, Statiker, Sonderfachleute, ist ein wesentlicher Bestandteil der Ausführungsplanung.

Unter Ausführungsplanung versteht man weiters die gewerkebezogene Detailplanung, gebäudetechnische Festlegungen (z.B. Leitungsführung, Aussparungen, Decken-Bodendurchbrüche, ...) sowie Beschreibung der einzelnen zur Anwendung kommenden Materialien (z.B. Raumbuch, Stückliste). Diese Festlegungen bilden die Grundlage der Leistungsbeschreibung (Ausschreibung).

2.2.2.3 Kostenschätzung/Kostenplanung

Parallel zu Entwurf, Ausführungsplanung, Ausschreibung, Objektüberwachung- und betreuung wird heutzutage fast bei jedem Projekt eine Kostenplanung geführt. Die Tiefe der Kostenplanung hängt vom jeweiligen Stand der Ausarbeitung des Projektes ab.

Je mehr Angaben zum Projekt zur Verfügung stehen, desto genauer können die Kosten eingegrenzt und definiert werden. In jeder Phase sollte ein Soll-Ist Vergleich stattfinden, damit die Kosten realistisch bewertet werden können. Dabei wird die vorhergehende Planungsphase mit der derzeitigen verglichen. Die Kostenberechnung wird zum Beispiel der Kostenschätzung gegenübergestellt, der Kostenanschlag mit der Kostenberechnung verglichen u.s.w. Bei einer gut durchdachten Kostenplanung kann auf bauliche Änderungen (Änderungen aus technischen, bauphysikalischen oder statischen Notwendigkeiten, bauherrnseitige Änderungen und Wünsche, äußere Einflüsse wie zum Beispiel Verzögerungen des Bauablauf durch unvorhersehbare Ereignisse etc.) rasch reagiert werden. Kosten können dadurch besser eingeschätzt, etwaige Kostenüberschreitungen schon in frühem Stadium erkennbar und somit planbar gemacht werden.

2.2.2.4 Ausschreibung, Vergabe

Ein Bauwerk wird in verschiedene Leistungsbereiche, in sogenannte „Gewerke", unterteilt. Die Ausschreibung beschreibt die auszuführenden Arbeiten jedes einzelnen Leistungsbereiches. Ziel einer Ausschreibung ist die genaue Definition der auszuführenden Arbeiten, die dann später, nach Abschluss der Arbeiten, anhand der Ausschreibungsunterlagen (Vertragsbestandteile) abgerechnet werden können. Dazu ist die Integration der fachlich an der Planung Beteiligten (Statiker, Haustechniker, ...) notwendig. Ergebnis ist eine Leistungsbeschreibung, die die Grundlage zur Vergabe der jeweiligen Gewerke bildet. Die vom Bieter ausgefüllte Leistungbeschreibung (Angebot) wird - ab der Vergabe - Vertragsbestandteil zwischen Auftraggeber und Auftragnehmer.

Wichtiger Bestandteil einer Ausschreibung sind die vertraglichen Randbedingungen, die sogenannten „Vorbemerkungen". Da die Vorbemerkungen die vertragsrechtliche Abwicklung und die organisatorischen Abläufe eines Bauvorhabens regeln, sollten sie mit besonderer Sorgfalt ausgearbeitet und überprüft werden. Für Entwurf und Konzeption der Vorbemerkungen sollte deshalb entsprechend Zeit aufgewendet werden. Ebenso wichtig ist der Gesamtentwurf einer Ausschreibung. Bei Erstellung einer Ausschreibung sollte man sich Gedanken machen über die Form und Gestaltung der einzelnen Bestandteile. Es kann von Vorteil sein, wenn eine Ausschreibung übersichtlich gegliedert ist und eine formal ansprechende Form hat.

2.2.2.5 Bauleitung/Bauaufsicht

Das Aufgabengebiet Bauleitung/Bauausführung kann umfassen:

- Beratung und Vertretung des Bauherrn, Führung der notwendigen Verhandlungen mit Behörden, Sonderfachleuten und sonstigen mit der Planung und Bauausführung im Zusammenhang stehenden Dritten.

- Durchführung der Anbotsausschreibung und die Überprüfung der eingelangten Angebote, die Vergabe der Lieferungen und Leistungen mit Ausarbeitung der Verträge, falls erforderlich die Aufstellung eines Zeit- und Zahlungsplans unter Berücksichtigung der Leistungen der Professionisten und Sonderfachleute, die Prüfung der Schlussrechnungen unter Zugrundelegung der Ergebnisse der Rechnungsprüfung der örtlichen Bauaufsicht und Feststellung der anweisbaren Rechnungsbeträge.

- Örtliche Bauaufsicht: Die örtliche Bauaufsicht umfasst die Überwachung der Herstellung des Werks, die Koordination aller Lieferungen und Leistungen, die Überwachung der Ausführung auf Übereinstimmung mit Plänen, Angaben und Anweisungen des Planungsbüros sowie die Einhaltung der technischen Regeln. Nach Beendigung des Bauvorhabens besteht die Aufgabe der Bauaufsicht darin, Mängel zu beseitigen und zu dokumentieren, eine Nachkalkulation und Analyse (Kostenauswertung) des Projektes aufzustellen.

- Übergabe des Objektes an den Bauherrn einschließlich der Zusammenstellung und Übergabe der erforderlichen Unterlagen wie zum Beispiel Bedienungsanleitungen, Prüfprotokolle, etc.

- Kostenkontrolle durch Überprüfen der Leistungsabrechnung der bauausführenden Unternehmen im Vergleich zu den Vertragspreisen und dem Kostenanschlag.

Wichtig für die Erfüllung dieser Aufgabe sind nicht nur technisches Wissen auf allen Gebieten der am Bau vorkommenden Gewerke, sondern auch **organisatorische Fähigkeiten** und **„Fähigkeiten, mit Menschen umzugehen".**

Gerade letzteres ist ungemein wichtig, da die verschiedenen Leistungserbringer (Firmen) am Bau koordiniert werden müssen. Dabei entstehen naturgemäß Probleme und Schwierigkeiten (organisatorische, persönliche Probleme, ...), die auf „zwischenmenschlicher Ebene" gelöst werden müssen.

2.2.3 Spezialgebiete eines Planungsbüros

Für ein Planungsbüros ist es gut, sich zu den „klassischen" Leistungen, zusätzliche - für den Berufsstand weniger typische - Tätigkeitsbereiche zu suchen, um am sich schnell verändernden Markt besser bestehen zu können.

Auch wird es in Zukunft notwendig sein, sich mehr mit der Gesamtkonzeption eines Bauvorhabens zu beschäftigen als nur mit Teilbereichen wie z. B. Entwurf etc. Dazu ist die Auseinandersetzung mit Spezialgebieten wie z.B. Umwelttechnik, Energietechnik etc. unerlässlich.

Die „klassischen" Aufgaben eines Architekturbüros (Entwurf, Ausführungsplanung) werden in Zukunft nicht mehr ausreichen, um den heutigen Marktansprüchen zu genügen.

2.2.3.1 Aufgabengebiet Energie

Planung und Entwicklung von Niedrigenergiehäusern und alternativen Energieversorgungsmethoden

Eine möglichst sichere, umweltfreundliche Energieversorgung hat nach wie vor eine Schlüsselfunktion für eine moderne Volkswirtschaft. Die langfristige Schonung der Ressourcen und Verminderung der Umweltbelastungen ist zu einem zentralen Thema geworden. Vor allem für ein mit preisgünstigen Rohstoffen wenig gesegnetes Land wie Österreich bedeutet diese Aufgabe eine große technische Herausforderung.

Die heutzutage wichtigsten Energiequellen wie Erdöl, Erdgas, Stein/Braunkohle, Atomenergie sind nicht nur aus Umweltschutzgründen (z.B. Umweltverschmutzung durch Verbrennung dieser Energiequellen und der daraus resultierende Treibhauseffekt (Klimaveränderung) etc. als problematisch einzustufen, sie sind auch nicht regenerierbar, weil weltweit nur in beschränktem Maße vorhanden. Die fossilen Energievorräte der Erde reichen laut derzeitigem Wissensstand bei Öl ca. 40 bis 60 Jahre, bei Gas ca. 50 bis 70 Jahre, bei der Atomkraft ca. 60 bis 80 Jahre und bei Kohle ca. 220 Jahre. Dabei hängt unsere Energieversorgung derzeit zu fast 70% von importierten fossilen Energieformen (Öl, Gas, Kohle) ab. (Quelle: Energie Tirol Beratung-Forschung-Förderung, gemeinnütziger Verein 1992)

Sich angesichts dessen mit alternativen Energieversorgungssystemen zu beschäftigen, dürfte in Zukunft von immer größerer Bedeutung sein. Energiesparen und Verwendung alternativer Energiequellen verringert die Abhängigkeit vom Ausland, schont unsere Umwelt (Solarenergie, Wasserkraft etc.) und schafft durch zusätzliche heimische Wertschöpfung wertvolle Arbeitsplätze. In den letzten Jahren sind eine Reihe von erfolgreichen Projekten mit innovativen Produkten entstanden. Zahlreiche neue Entwicklungen haben Marktreife erreicht, stehen kurz vor der Markteinführung oder sind bereits auf dem Markt erhältlich.

Die Umsetzung und breite Anwendung der neuen energiesparenden Technologien bereitet jedoch Bauherren, Planern und Ausführenden sehr oft noch große Schwierigkeiten. Die Ursachen für Schwierigkeiten bei der Umsetzung liegen hauptsächlich am mangelnden Wissens- und Informationstransfer zwischen Herstellern alternativer Energieversorgungs-anlagen/systemen und neuer Materialien, zwischen Planern und der allgemeinen Baupraxis (Bauausführung).

Aufgabe eines Planungsbüros könnte sein:

die Vermittlerrolle zu übernehmen

zwischen Spezialisten (Fachplanern), Anlagenherstellern (Industrie)

und Bauherrn, Nutzern und Betreibern

Es gibt viele Möglichkeiten, Planungsleistungen auf dem Gebiet des energiesparenden Bauens und der Verwendung alternativer Energien zu erbringen. In weiterer Folge sollen einige Beispiele beschrieben werden:

Energiesparen bei der Planung

> ***Energiesparen bei der Planung bedeutet für ein Planungsbüro:***
>
> ***Überprüfen, Ausarbeiten von Lösungsvorschlägen***
>
> ***Unterstützen des Bauherrn bei der Entscheidungsfindung***

Energiesparen bei der Planung bedeutet für ein Planungsbüro zu **überprüfen**, ob es für das vom Bauherrn beauftragte Bauvorhaben Möglichkeiten gibt, energiesparende Maßnahmen (zum Beispiel schon im Entwurfsstadium) zu setzen und mögliche **Lösungsvorschläge** auszuarbeiten. Das Planungsbüro muss abklären, ob das Bauvorhaben geeignet ist, derartige Maßnahmen einzuplanen, und es muss überprüfen, ob diese **wirtschaftlich, rentabel, plausibel** und **im Sinne des Bauherrn** sind. Dazu müssen **Rentabilitäts- und Plausibilitätprüfungen** der zu setzenden möglichen Maßnahmen angestellt und dem Bauherrn dargelegt werden.

Das Planungsbüro tritt dabei als **Koordinator** auf zwischen Fachplaner und Bauherr. Es bietet dem Bauherrn **Entscheidungshilfen zur Lösungsfindung** an bei der Auswahl zwischen den verschiedenen Lösungsvorschlägen, Systemen und energiesparenden Möglichkeiten.

Aktive und passive Solarenergienutzung

Durch viele Jahrzehnte wurde die Sonnenenergie als Energiespender übersehen und die umweltfreundliche Sonnenenergienutzung vernachlässigt. In den letzten Jahren rückte sie jedoch zunehmend wieder in den Mittelpunkt der Energiediskussion. Energiesparen unter Zuhilfenahme der Sonnenenergienutzung gilt als eine der potentiellen Lösungen für unsere Energie- und der damit verbundenen Umweltprobleme.

Aufgabe des Planungsbüros:

Informationen interpretieren

Bauherrn bei der Lösungsfindung beraten

Koordination und Überwachung der Bauausführung

Das Planungsbüro tritt bei dieser Aufgabe als Koordinator auf zwischen Fachplaner, Anlagenhersteller und Bauherr bzw. Nutzer des Bauvorhabens. Es gilt, die Informationen, die von den verschiedenen Seiten kommen (vom Anlagenhersteller, vom Bauherrn, ...), zu interpretieren und zu ordnen.

Aus den verschiedenen Informationen können nun Lösungsvorschläge vom Planer erarbeitet und gemeinsam mit dem Bauherrn auf Rentabilität, Plausibilität und Wirtschaftlichkeit überprüft werden.

Weiters hat der Planer die Aufgabe, die ermittelte Lösung in der Bauausführung durch Koordination aller am Bau Beteiligten umzusetzen (Überwachung und Koordination der Bauausführung).

In Zukunft kann das Anbieten von Planungsleistungen auf dem Gebiet der alternativen Energieversorgung und der Entwicklung von Niedrigenergiehäusern ein potentielles Spezialgebiet für ein Planungsbüro vorbeschriebener Größe im mitteleuropäischen Raum werden.

2.2.3.2 Aufgabengebiet Baustoffe:

Wiederverwertbarkeit von Baustoffen - Recycling

Müllvermeidung auf der Baustelle

In den letzten Jahren gewann vor dem Hintergrund der steigender Ressourcenknappheit und der Umweltbelastung durch Müll jeder Art der Gedanke an Wiederverwertung von Materialien immer mehr an Bedeutung. Sichtbarer Ausdruck dieser Bestrebungen sind die vielen Versuche, Haushaltsabfälle einer nützlichen Verwendung zuzuführen, anstatt sie auf Mülldeponien zu lagern oder zu verbrennen. Heute stehen schon fast flächendeckend Sammelbehälter für Altpapier, Glas, Kunststoffe und Altmetall für die Allgemeinheit zur Verfügung. Es ist vielerorts sogar schon zur Notwendigkeit geworden, Müll (Haus- und Industriemüll, Bauschutt) einer sinnvollen Verwertung zuzuführen, da Deponien örtlich nur in beschränktem Maß und deshalb teuer oder gar nicht zur Verfügung stehen. Da **Bauschutt** meist in beträchtlichen Mengen anfällt, wird die Frage nach einer geeigneten Deponierung und Endlagerung in Zukunft ein preisbildender Faktor in der Berechung von Bauwerkskosten sein. Es ist zu erwarten, dass künftig immer weniger Raum für Deponien zur Verfügung stehen wird. Dies ist einerseits bedingt durch ein aufkommendes Umweltbewusstsein der Bevölkerung, andererseits gibt es aus Umweltschutzgründen nur wenig geeignete Orte, an denen Deponien errichtet werden können (Grundwasserschutz, Landschaftsschutz, Anrainer, ...). Es gibt viele Möglichkeiten zur Lösung der Müllproblematik, wobei zwei Möglichkeiten in diesem Zusammenhang sinnvoll erscheinen: die Wiederverwertung beziehungsweise Aufbereitung des anfallenden Mülls, kurz das „Recycling", und die „Müllvermeidung", die „Müll" im Sinne von „Abfall" gar nicht erst entstehen lässt.

<u>Das Recycling</u>

Problem bei der Wiederverwertung von Bauschutt ist die **„Materialtrennung"**, das heißt: Wiederverwertet werden können nur die Materialien, die in „reiner" Form vorliegen. Verunreinigte Materialien, zum Beispiel Abbruchmaterial (Beton, Mauerwerk, Asphalt, ...), das mit Bestandteilen wie z.B. Papier, Kunststoffen, Holz, etc. versetzt ist, kann nicht zur Wiederverwertung herangezogen werden. Die Wirtschaftlichkeit von Recycling-Anlagen stellt dabei das Hauptproblem dar. Betreiber von derartigen Anlagen lehnen meist die Annahme von Baustellenabfällen, die nicht einwandfrei in ihre Bestandteile getrennt sind, aus Wirtschaftlichkeitsgründen ab. Eine Trennung des Bauschutts ist für sie meist aufwendig und deshalb zu teuer. Um recyclingfähige Abfallstoffe gewinnen zu können, müssen entsprechende Maßnahmen schon auf der Baustelle getroffen werden. Das bedeutet, dass beim Abbruch großer Wert auf Bauschuttrennung gelegt und eine Sortierung der Abfälle in ihre Bestandteile Holz, Glas, Pappe/Papier, mineralische Baustoffe, Problemstoffe (z.B. Asbest) Metallteile und Kunststoffe vorgenommen werden muss. Diese Maßnahmen setzen wiederum Fachwissen über die Zusammensetzung der Materialien, deren Möglichkeiten zur Wiederverwertung und geeigneter Abbruchmethoden voraus.

Was bedeutet dies für ein Planungsbüro?

> *Aufgabe eines Planungsbüros kann sein:*
>
> *- Überprüfung der Sinnhaftigkeit von Recyclingmaßnahmen*
>
> *wenn diese Maßnahmen sinnvoll erscheinen, dann*
>
> *- Planung der Recyclingmaßnahmen für ein Bauvorhaben*
>
> *- Beratung des Bauherr, der Behörden, der Ausführenden (Müllberater)*
>
> *Koordination und Überwachung der Bauausführung*

Die Müllvermeidung

Ein wesentlicher Aspekt bei der Müllproblematik ist die Müllvermeidung.

> *kein Müll - keine Probleme*

Die Industrie hat in den letzten Jahren bereits viele Baustoffe entwickelt, die wiederverwendet werden können und ohne viel Aufwand recyclingfähig sind. Beispielsweise gibt es Wärmedämmungen aus Glas, die zu 100% recyclingfähig sind (z.B. „Foamglas") etc.

Probleme treten hierbei jedoch wiederum bei der Umsetzung in das aktive Baugeschehen auf, da bei der Planung und Ausführung von Bauvorhaben derartige Überlegungen einfließen müssen.

Was bedeutet dies für ein Planungsbüro?

Aufgabe eines Planungsbüros könnte in Zukunft sein, Fachwissen auf dem Gebiet der Müllvermeidung in das jeweilige Projekt einfließen zu lassen und bei der Ausführung gemeinsam mit Bauherrn und den ausführenden Firmen das Bauvorhaben in diesem Sinne durchzuführen. Die Beratung der Beteiligten und das Aufzeigen der Kosten spielen dabei eine wesentliche Rolle. Es wird in Zukunft angesichts der steigenden Kosten für jede Art von „Müll" durchaus „rentabel" für alle am Bau Beteiligten sein, sich mit Müll, dessen Entsorgung und Wiederverwertung zu beschäftigen. Die Leistungserbringung eines Planungsbüros auf vorgenannten Spezialgebieten könnte folgendermaßen aussehen:

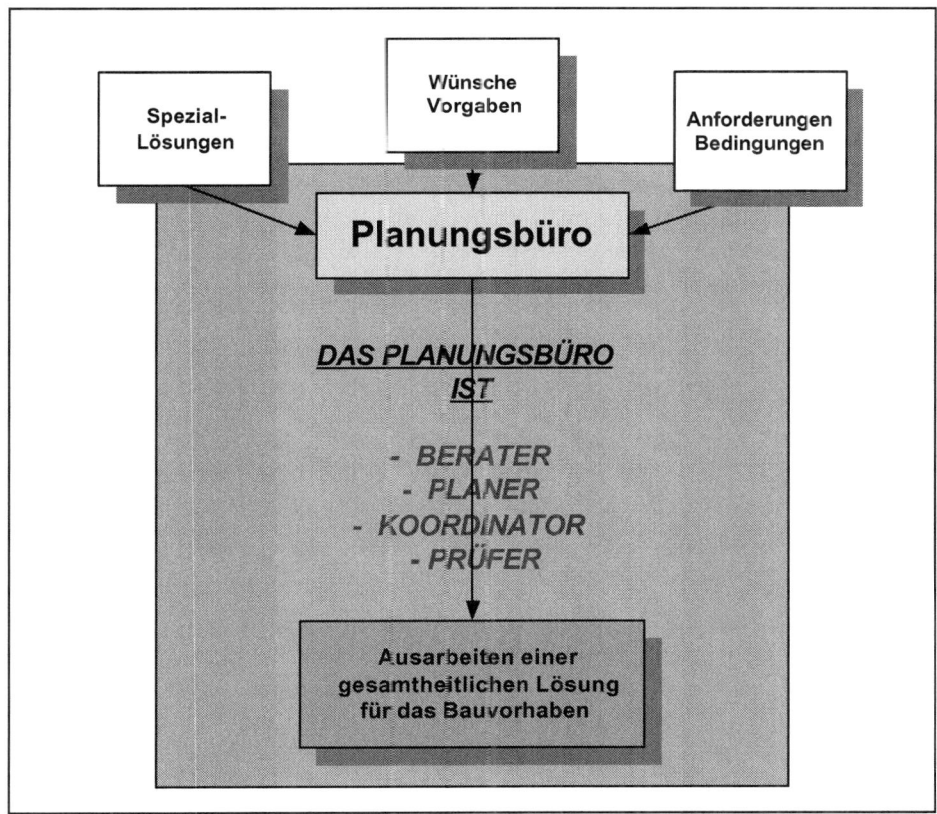

Abbildung 7: Leistungserbringung eines Planungsbüros

2.2.3.3 Projektmanagement

Bauherren großer Bauvorhaben legen großen Wert auf **reibungslose, termingerechte** und **kostengünstige Abwicklung** ihres Bauvorhabens. Ein Problem dabei ist, dass viele Aufgaben vom Bauherrn meist nicht oder nur unzureichend aufgrund mangelnden Fachwissens erledigt werden können.

Projektmanagement allgemein

Projektmanagement bedeutet, alle „delegierbaren Bauherrenaufgaben" im Auftrag des Bauherrn und für den Bauherrn zu erbringen. Delegierbare Aufgaben des Bauherrn können sein: Planung aller Gewerke, Kostenplanung, Terminplanung, Funktionsplanung des Objektes (Arbeitsabläufe, Festlegung von Funktionen, ...), Koordination der Projektbeteiligten, Leitung der Projektabwicklung, Steuerung und Kontrolle der Projektabwicklung, Vertragsabwicklung und Schriftverkehr mit den Projektbeteiligten und dem Bauherrn. Das heißt, es soll ein Ziel durch Planung, Koordination, Integration, Steuerung und Kontrolle in allen Phasen des Planungsprozesses erreicht werden. Nachfolgend sollen einige Teilbereiche des Projektmanagements näher beschrieben werden:

Ablaufplanung/Terminplanung

Die Tatsache, dass die Bauzeit ein wesentlicher Kostenfaktor bei der Erstellung eines Objektes ist, macht eine genaue Terminplanung des Bauablaufs bei den heute stetig steigendenden Baukosten immer wichtiger. Mit der Terminplanung lassen sich die einzelnen Planungs- und Ausführungsschritte (Phasen der Projektierung wie Entwurfsplanung, Ausschreibung, Vergabe und die Baudurchführung) genau aufeinander abstimmen.

Aufgabe eines Planungsbüros ist die Erstellung der Ablauf- und Terminplanung, die sich je nach Stand der Planung darstellt. Beispielsweise in Form von Rahmenterminplänen als Grobübersicht für den gesamten Bauablauf, Terminpläne für die Planung (Zeitrahmen für die Entwurfs-, Genehmigungs- und Ausführungsplanung, die Ausschreibung und Vergabe) Ausführungsterminpläne (terminliche Festlegungen und Zusammenhänge zwischen den einzelnen Gewerken), etc.

Projektentwicklung

Projektentwicklung bedeutet im allgemeinen, die Faktoren Standort, Projektidee und Kapital so miteinander zu kombinieren, dass eine rentable, arbeitsplatzschaffende und -sichernde sowie umweltverträgliche Investition gewährleistet ist. Die Aufgaben des Projektentwicklers sind in der Regel die Erstellung von Marktanalysen, die Definition der Projektideen, Grundlagenerhebungen, Konkurrenzanalysen und die Erarbeitung eines Nutzungskonzepts. Aufgabe eines Planungsbüros könnte das Liefern von bauspezifischen Informationen an Projektentwickler sein, wie zum Beispiel das Weitergeben von Informationen über Gebäudekosten, Betriebskosten, Gebäudetechnik, Bodenverhältnisse und deren Auswirkungen auf Bauwerkskosten, Baustoffe, etc. Da Projektentwickler nicht zwangsläufig Erfahrung mit Planung und Ausführung von Bauprojekten haben (in den meisten Fällen sind Projektentwickler gar keine Baufachleute), könnte diese (bezahlte) Dienstleistung eine wertvolle Hilfe für Projektentwickler sein.

Finanzierungsplanung

Unter Finanzierungsplanung versteht man nicht nur die Kostenermittlung der tatsächlichen Baukosten während der Planungs- und Realisierungsphase, sondern auch die Kosten (Betriebs- und Folgekosten) des Gebäudes während der Nutzungsjahre.

Der Finanzierungsplanung wird in Zukunft immer größere Bedeutung zukommen, da es für den Bauherrn von großem Interesse sein wird, nach wieviel Jahren er mit einer Effizienzverzinsung des investierten Kapitals rechnen kann.

Aufgabe eines Planungsbüros könnte das Liefern von bauwerksspezifischen Daten sein, die für eine Finanzierungsplanung unerlässlich und notwendig sind. Diese Daten werden an Fachleute (Banken, Finanzierungsgesellschaften...) weitergegeben und verwertet. Solche Daten können etwa sein: Bauwerkskosten, Kosten von Anlagen, Lebensdauer von Anlagen, Betriebskosten des Bauvorhabens.

2.2.3.4 Facility Management

In den letzten Jahren hat das sogenannte „facility management" immer mehr an Bedeutung gewonnen. Viele Gesellschaften, Unternehmen, Banken und Firmen, nehmen in zunehmendem Maße Dienste von Facility-Managern in Anspruch, um ihre Immobilien, Häuser, Geschäftseinrichtungen, Firmen etc. verwalten zu lassen. (z.B. Die Fa. Siemens, München hat seit einigen Jahren eine eigene Facility-Managementabteilung, die sich ausschließlich mit der Bewirtschaftung siemenseigener Gebäude beschäftigt.)

Was bedeutet „Facility-Management"?

In den USA, in Japan und Teilen Europas ist das Facility Management bereits seit vielen Jahren als strategisches Unternehmenskonzept etabliert, das sämtliche Aktivitäten umfasst, die sich mit Planung, Verwaltung und Bewirtschaftung großer Gelände, Gebäude, Anlagen und Fabriken beschäftigt.

Im einzelnen kann Facility Management bedeuten:

- Immobilienverwaltung wie Vermietungs- und Nebenkostenverwaltung, Verpachtung
- Anbieten von Hausmeisterdiensten
  z.B. Winter/Sommerdienste
- Reinigungsdienste/Reinigungskontrolle
- Logistikdienste
- Renovierungs/Sanierungsdienste
  z.B. Prüfen und Beurteilen von Schäden an häuslichen Anlagen und Gebäuden, Vergabe von Sanierungsaufträgen an die ausführenden Firmen
- Kostenmanagementfunktionen
  z.B. Ermittlung und Verwaltung der Gebäudenebenkosten, Umrechnung auf die einzelnen Parteien, Festlegung der Gebäudefixkosten, Planung von Renovierungsmaßnahmen für die Zukunft

- Umzugsmanagement
  z.B. bei großen Firmen, die mehrere Standorte bewirtschaften und intern flexibel
  organisiert sind, heißt das Abteilungen schnell vergrößern oder verkleinern - was sowohl
  bauliche wie logistische Maßnahmen erfordert

Aufgabe eines Planungsbüros könnte das Erbringen von Dienstleistungen für Facility-
Manager sein, d.h. das „Zuarbeiten" für Facility-Manager.
Solche Dienstleistungen könnten folgendermaßen aussehen: Ausarbeiten von Vorschlägen zur
Anpassung an veränderte Anforderungsprofile in Firmen (Erstellen von „Umzugsplänen":
Neugestaltung von Büros, Umbaumaßnahmen und deren Koordination), Erstellen von
Sanierungskonzepten (Auflistung möglicher Baumaßnahmen) für alte Anlagen und Bauwerke,
Ausarbeiten von Vorschlägen zur Umnutzung bestehender baulicher Anlagen etc.

2.2.3.5 Innenarchitektur

Wie schon mehrfach erwähnt sehen vor allem Bauherrn großer Bauvorhaben ihr Projekt gerne
„in einer Hand". Da ein Gebäude nach Beendigung der Ausbaugewerke noch nicht
„bezugsfertig" ist, spielt die Einrichtung (z.B. Wahl der Vorhänge und Tapeten, die Gestaltung
und Auswahl der Möbel , die gesamte Möblierung) eine große Rolle.
Es liegt auf der Hand, die Planung der Einrichtung, die gesamte Innenraumgestaltung, die in
vielen Fällen ohnehin beim Entwurf berücksichtigt werden muss, vom Planungsbüro als
Leistung anzubieten.
Aus diesem Grund könnte die Beratung bei der Einrichtung des Gebäudes (z.B.: Wahl der
Büroeinrichtung, Wahl der Teppiche, Wahl der Beleuchtungskörper etc.) und die Planung der
Einrichtung des Gebäudes eine Dienstleistung sein, die das Planungsbüro zusätzlich anbietet.

2.2.3.6 Abschließende Bemerkung zum Tätigkeitsbereich eines Planungsbüros

Es ist natürlich oft nicht möglich, aus Zeit- und Kapazitätsgründen alle Aufgaben und Leistungen im Büro selbst abzuwickeln. Auch setzen die einzelnen Aufgaben ein universales sowie spezielles Fachwissen der einzelnen Mitarbeiter voraus, das in manchen Fällen nicht vorhanden ist und auch nicht verlangt werden kann. Deshalb müssen Leistungen, die vom Büro nicht selbst abgedeckt werden können, fremdvergeben werden. Das heißt, Aufgaben werden in Form von Sub-Aufträgen an Sub-Unternehmer weitervergeben, die die Leistung für das Planungsbüro erbringen. („Outsourcing-Management").

Dies könnte folgendermaßen aussehen:

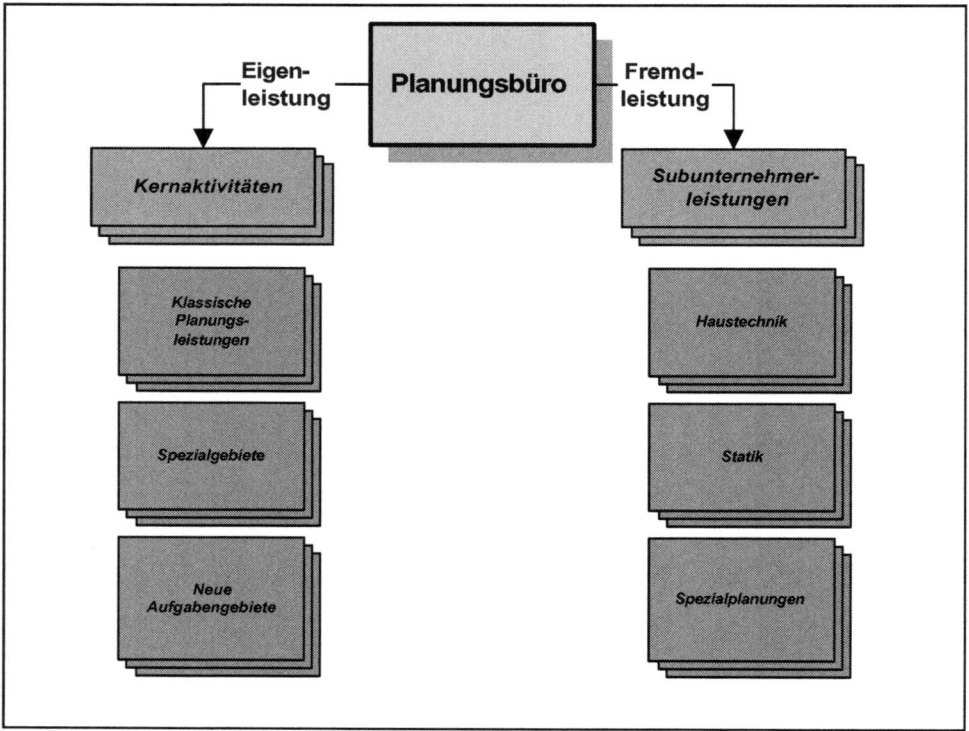

Abbildung 8: „Outsourcing-Management"

Das Planungsbüro deckt **„Kernaktivitäten"** ab, das sind Leistungen, die das Büro selbst erbringt. Bestimmte Leistungsbereiche können oder müssen (je nach Fachgebiet oder Kapazitäten) jedoch an **Subunternehmer** untervergeben werden.

Solche **Subunternehmer-Leistungen** können sein: Fachleistungen wie Planung und Berechnung von Anlagen (Heizung-, Lüftung-, Sanitärplaner, Anlagen zur Nutzung von Solarenergie, ...), Planung von Spezialeinrichtungen für Krankenhäuser, Großküchen, Hotellerie, Fachplanung von Schwimmanlagen, Statik etc.

2.2.4 Neue Aufgabengebiete eines Planungsbüros

In diesem Kapitel sollen mögliche neue Aufgabengebiete eines Planungsbüros überlegt werden, die zusätzlich zu den vorgenannten Aufgabengebieten als bezahlte Leistungen angeboten werden können.

2.2.4.1 Plausibilitätsprüfung

Plausibilitätsprüfung bei der Planung (parallel zur Planungsphase „Grundlagenermittlung" und „Vorentwurf")

Die im vorigen Kapitel beschriebene Grundlagenermittlung und der Vorentwurf haben das vom **Bauherrn vorgegebene Bauvorhaben** zur Basis. Das heißt, die **Art** des Bauvorhabens (z.B. Verwaltungsgebäude, Sanierung eines Bestandes, Bau eines Einfamilienhauses), die **Größe** (die Bauherrn-"Wunschgröße": die geforderte Nutzfläche, gewollte Raumanzahl), der **finanzielle Rahmen** (wieviel Geld steht zur Verfügung, wieviel soll investiert werden) und die **Lage des Grundstücks** sind die in den meisten Fällen vom Bauherrn bereits vorgegebenen Größen. Aufgrund dieser Bauherrn-Vorgaben werden die Grundlagen zum Bau des Projektes gemeinsam mit dem Bauherrn ermittelt und dann im Vorentwurf, Entwurf und in der Ausführungsplanung verwertet.

Die Plausibilitätsprüfung als bezahlte Leistung

Parallel zur Planungsphase „Grundlagenermittlung" und „Vorentwurf" könnte dem Bauherrn nun eine „Plausibilitätsprüfung" als bezahlte Leistung vom Planungsbüro angeboten werden. Die Plausibilitätsprüfung soll in diesem frühen Planungsstadium aufzeigen, ob und inwieweit das vom Bauherrn gewollte Bauvorhaben „plausibel", das heißt „zweckerfüllend und brauchbar" ist.

> ### *Der Planer soll mit Hilfe der Plausibilitätsprüfung*
> ### *die Vorgaben des Bauherrn analysieren, hinterfragen, bewerten*

Innere Plausibilität

In vielen Fällen entspricht das „geplante" Bauvorhaben nicht ganz den an das „fertige" Bauvorhaben gestellten und gewünschten Anforderungen (**„Innere Plausibilität"**).

Typische Mängel (Planungsfehler) in diesem Zusammenhang können sein: Über- oder Unterdimensionierung von Räumlichkeiten aufgrund falscher Bauherrnvorstellungen- und vorgaben, falsch interpretierte Gebäudeanforderungen (ungünstige Eingangssituationen, schlechte Raumzuordnungen etc.), zuwenig oder zuviel Erschließungs- und Verkehrsflächen und vieles mehr.

Bei der Plausibilitätsprüfung soll nun gemeinsam mit dem Bauherrn analysiert und hinterfragt werden, inwieweit die vom Bauherrn geäußerten Vorstellungen, Wünsche und geforderten Raumvorgaben, Raumabfolgen, Raumaufteilungen mit dem gewollten Zweck des Gebäudes übereinstimmen.

Es kann z.B. analysiert und hinterfragt werden:

* der Raumbedarf (welche und wieviel Räume werden tatsächlich benötigt)

* die Größe des Bauvorhabens (Gesamtdimensionierung)

* die Abfolge und Anordnung der Räume (innere Organisation)

* Wahl des Tragwerks/Konstruktionssystems

* mögliche Andersnutzung des Gebäudes nach einem bestimmten Zeitraum (Umnutzung)

* mögliche Fremdnutzung des Bauvorhabens (Vermietung)

* verkehrsmäßige Erschließung des Gebäudes (Wo soll der Eingang sein? Wo liegt die Anlieferung verkehrsmäßig am günstigsten?)

* decken sich die Wünsche des Bauherrn mit seinen finanziellen Möglichkeiten etc.

Ergebnis der Plausibilitätsprüfung in der Planungsphase „Grundlagenermittlung" und „Vorentwurf" ist die Auflistung aller Ergebnisse der vom Planer in Zusammenarbeit mit dem Bauherrn analysierten und hinterfragten Punkte, die für die Planung des Bauvorhabens maßgebend sind. Diese Auflistung soll dem Bauherrn als Entscheidungshilfe dienen, um projektspezifische Festlegungen (Raumprogramm, Raumabfolge, Platzbedarf, ...) leichter treffen zu können.

> *Die Plausibilitätsprüfung*
>
> *dient als*
>
> *Entscheidungshilfe für den Bauherrn*

Dadurch können frühzeitig Planungsfehler durch Offenlegung von Fakten und Transparentmachen von Problemen vermieden werden.

Die Plausibilitätsprüfung könnte gerade für öffentliche Bauherrn (Behörden, Ämter, Bund, Land), aber auch große Gesellschaften und Firmen (z.B. Fraunhofer-Gesellschaft, Max-Plank-Institut, BMW, Siemens, ...) eine gute Grundlage sein, die Höhe der Investitionen in ein Bauvorhaben besser überprüfbar zu machen und zu rechtfertigen.

Äußere Plausibilität:

Die Art und Lage eines Bauvorhabens in bezug auf das Umfeld und die Umgebung sollte ebenfalls einer Plausibilitätsprüfung unterzogen werden. Oft stellt sich erst im nachhinein heraus, dass das geplante Gebäude an der falschen Stelle ist. („Äußere Plausibilität). Diese Art der Plausibilitätsprüfung eines Bauvorhabens soll jedoch nicht direkt in das Aufgabengebiet des Planers fallen, es ist mehr Fachgebiet der Projektentwickler, die aufgrund von Standortanalysen, Marktanalysen, Konkurrenzanalysen und vielem mehr, die Rentabilität und Plausibilität eines Bauvorhabens bezüglich Art, Lage und Standort bewerten. Vorstellbar ist das Zuarbeiten des Planers für Projektentwickler. (Näheres dazu im Kapitel „Projektentwicklung")

Plausibilitätsprüfung in jeder Leistungsphase

Analog zu den vorangegangenen Überlegungen ist es vorstellbar, Plausibilitätsprüfungen **in jedem Planungs- und Ausführungsstadium** durchzuführen (Leistungsphasen gem. HOAI). So wären Plausibilitätsprüfungen beim Entwurf, der Ausführungsplanung, der Ausschreibung und Vergabe und selbst bei der Bauausführung durchaus denkbar. Diese Prüfungen, die vom Planer in Zusammenarbeit mit dem Bauherrn vorgenommen werden, sollen den Sinn haben, zu hinterfragen, ob die jeweiligen (Bau-) Maßnahmen gerechtfertigt sind oder nicht. Dadurch könnten Planungsfehler wie zum Beispiel der Einbau ungeeigneter Heizsysteme, Einbau ungünstiger Eingangstore, Einbau von Türen mit falscher Gangrichtung etc. transparent gemacht und verhindert werden.

> *Plausibilitätsprüfungen in jeder Leistungsphase*
>
> *dienen der Offenlegung und Vermeidung von*
>
> *Planungs- und Ausführungsfehlern*

Ergebnis der Plausibilitätsprüfung durch den Planer kann wiederum eine Auflistung der Probleme und Lösungsvorschläge sein, die dem Bauherrn als Hilfe dienen soll, entsprechende Entscheidungen zu treffen (Entscheidungshilfe für den Bauherrn).

2.2.4.2 Überprüfen der vertraglichen Randbedingungen

Überregional, länderübergreifend

Vor dem Hintergrund des stetigen wirtschaftlichen Zusammenwachsens der Staaten, speziell der Länder in der Europäischen Union, wird in Zukunft die juristische Seite des Baugeschehens immer mehr an Bedeutung gewinnen. Die Firmen dieser europäischen Länder haben theoretisch die Möglichkeit, ohne größere Beschränkungen in jedem Mitgliedsland zu arbeiten.

Dies kann bei Vertragsabschluß, Bauausführung und Abrechnung (Bauende) zu erheblichen Problemen und Schwierigkeiten führen, da jedes Land andere rechtliche Bestimmungen hat, beispielsweise bei der Formulierung von Bauverträgen, den Vorschriften bei der Abrechnung, etc. Auch das Einhalten von Vorschriften und Normen sowie die Festlegung von Qualität (Qualitätsstandard) ist in jedem Land anders definiert. Es könnte daher eine vom Bauherrn bezahlte Leistung eines Planungsbüros sein, in Zusammenarbeit mit einem Juristen, die vertraglichen Randbedingungen von Bauverträgen für den Bauherrn zuerst offenzulegen (aufzuzeigen) und dann zu formulieren. Weiters könnten die Vertragsbedingungen während der Bauausführung sowie Abrechnung überprüft und die Einhaltung der Bedingungen des jeweiligen Bauvertrags kontrolliert und überwacht werden. Der Planer fungiert dabei als „Berater" des Bauherrn.

Regional, Inland:

Natürlich können die vorangegangenen Überlegungen auch lokal (d.h. im Inland bei der Zusammenarbeit von inländischen Firmen) Anwendung finden, da Bauverträge nicht selten noch ohne jegliche oder mangelhafte juristische Grundlage formuliert werden. Oft wird bei der Abrechnung (Auftraggeber, Auftragnehmer) auf beiden Seiten selten überprüft (mangels Fachwissen, mangelnde Bereitschaft, ...) ob die vertraglichen Randbedingungen wirklich eingehalten wurden.

Aufgabe eines Planungsbüros könnte sein:

> ### _Der Planer kann sein:_
>
> ### _Berater_
>
> ### _beim Erstellen von Bauverträgen_
>
> ### _Aufgabe des Planers kann sein:_
>
> ### _Überprüfen und Kontrollieren der vertraglichen Randbedingungen_
>
> ### _während der Bauausführung bei der Abrechnung_

2.3   Gedanken zum Büro selbst

2.3.1   Die Technische Ausstattung eines Planungsbüros

Ohne adäquate Ausstattung kann ein Planungsbüro heutzutage kaum effizient arbeiten. Hier sollen einige mögliche Grundausstattungen für ein Planungsbüro vorbeschriebener Größe aufgelistet werden:

2.3.1.1 Arbeitsplatzausstattung

PC (workstation)

Internetanschluß

CAD-Programme

Textverarbeitungsprogramm

Ausschreibungs/Kalkulationsprogramm

Tabellenkalkulationsprogramm, etc.

Telephon

Ein Telephon pro Arbeitsplatz ist für einen effizienten Arbeitsablauf unerlässlich Die Reichweite des Telephons (österreichweit, europaweit, weltweit) hängt ab vom Standort der Projekte und des jeweiligen Informationsbedarfs der Mitarbeiter für das laufende Projekt.

2.3.1.2 Büroausstattung

Faxgerät

Ein Faxgerät für das gesamte Büro sollte ausreichend sein. Viele Informationen lassen sich auch mittels Internet (e-mails) von jedem Arbeitsplatz individuell austauschen.

Kopierer (event. Farbkopierer)

Der Kopierer muss so angeordnet sein, dass die Wege möglichst kurz sind. Kopierer gehören auf keinen Fall in den Abstellraum im Keller oder Dachboden. Mitarbeiter dürfen nicht zuviel Zeit für Wege zum und vom Kopierer verwenden, Zeit ist wertvoll und muss deshalb sinnvoller genutzt werden. Wenn eine zentrale Anordnung aus räumlichen Gründen nicht möglich ist, ist es wirtschaftlicher, mehrere Kopierer pro Büroeinheit anzuschaffen. (z.B.: 1 Kopierer pro Geschoss)

Drucker für Textverarbeitung (Format A4 und A3)

Drucker müssen in ausreichender Anzahl vorhanden sein, um zeitliche Engpässe und Überschneidungen im Arbeitsablauf zwischen den Mitarbeitern auszuschließen. Auch muss der Drucker in unmittelbarer Nähe des Arbeitsbereichs liegen, um lange Gehwege vom und zum Drucker zu vermeiden. Jede Arbeitsgruppe sollte daher ihren eigenen Drucker haben.

Plotter für Zeichnungen und Pläne (alle anderen Formate: A2-A0 etc.)

Ein Plotter für das gesamte Büro sollte ausreichend sein: es sei denn, die Anzahl der Projekte erfordert mehr (je nach Auftragslage). Viele Pläne werden heutzutage auch schon mittels Datenübertragung (z.B.: via ISDN als dxf- oder plotfile) verschickt, was deutlich Zeit und Geld spart.

2.3.2 Bürogröße/Raumaufteilung

Die Frage nach der geeigneten Bürogröße und der passenden Raumaufteilung lässt viele Antworten zu. Vor allem kann nicht allzu viel verallgemeinert werden, da die Wahl der Büroräumlichkeiten von äußeren Randbedingungen wie Mietpreisen, vorgegebenen lokalen Standortbedingungen (gibt es überhaupt geeignete Büroräume), private Räumlichkeiten etc., abhängt. Hier sollen deshalb Richtwerte und Vorschläge zu Bürogröße und idealer Raumaufteilung für Gruppenarbeit zur Diskussion gestellt werden:

2.3.2.1 Bürogröße

Nach Neufert „Bauentwurfslehre" (Vieweg-Verlagsgesellschaft, 35. Auflage Braunschweig, Wiesbaden 1998) wird der Flächenbedarf für einen Arbeitsplatz mit 12 bis 15 m2 angesetzt.

2.3.2.2 Raumaufteilung

Die Arbeit wird in Arbeitsgruppen von drei bis maximal sieben Personen (in besonderen Fällen auch mehr, je nach Projektgröße) erledigt. Voraussetzung der Arbeitsorganisation in Gruppen ist, dass die Gruppenmitglieder nicht räumlich voneinander getrennt sind. Sie bilden ein Team, das in Sicht- und Hörkontakt zueinander steht. Die einzelnen Teams müssen jedoch optisch und auch, wenn möglich, akustisch voneinander getrennt sein, damit sie sich in ihrer Arbeit nicht behindern. Diese Arbeitsweise setzt Räumlichkeiten voraus, die flexibel verändert werden können, da sich die Gruppen je nach Projekt oder auch während des Arbeitsverlaufs in Größe und fachlichen Anforderungen entsprechend verändern.

Um die vorgenannten Forderungen erfüllen zu können sind folgende bauliche Maßnahmen möglich:

Großräume (wenig tragende Wände, geeignetes Stützenraster), die teilbar sind durch

- flexible Trennwände (z.B.: Gipskarton, Fertigelemente)
- Glaselementwände
- Pin-Wände (zur optischen Trennung)
- Pflanzenbereiche (z.B.: Hydrokulturen, Pflanztröge)
- Schrankwände
- Schiebetrennwände
- Faltschiebetüren etc.

Die **technische Erschließung** spielt dabei eine große Rolle, da bei Veränderung der Räumlichkeiten auch die technischen Hilfsmittel (Computer, Telephon, Drucker, etc.) rasch mitangepasst werden müssen. Hierzu bieten sich Kabelkanäle in Form von Fensterbankkanälen, Doppelboden- oder Hohlraumbodeninstallation an, von der aus die verschiedenen Geräte bei Bedarf flexibel und ohne viel Aufwand angesteuert werden können.

2.3.3 Reichweiten für Aufträge

Wichtig für ein Planungsbüro ist die Überlegung, in welchen Regionen es hauptsächlich aktiv werden möchte (Kerngebiet), in welchen Regionen es sich etablieren möchte. Für ein Planungsbüro mit Sitz in Tirol und einer Größe von 10 bis 30 Mitarbeitern sollen folgende Regionen Hauptauftragsgebiete sein:

Regional: Raum Tirol, Vorarlberg, Salzburg

Überregional: Bayern, Neue Bundesländer (BRD), Region Oberitalien, weltweit

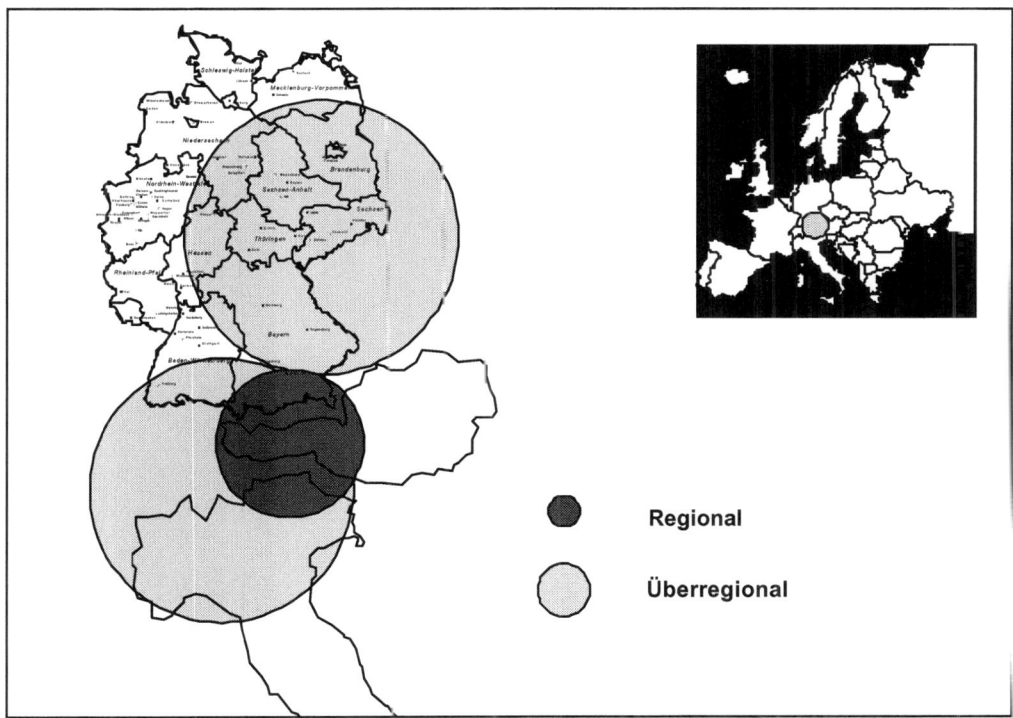

Abbildung 9: Reichweiten für Aufträge

3   Organisationsstruktur in einem Planungsbüro mit 10 bis 30 Mitarbeitern

3.1   Allgemein

Die Frage nach der Organisationsstruktur eines Büros hängt nicht von dessen Größe ab. Viele glauben, man müsse sich erst ab einem großen Mitarbeiterstand um **Mitarbeiterführung**, **Arbeitseinteilung**, **Arbeitsabläufe** etc. Gedanken machen. In der Tat beschäftigen sich große Firmen wie BMW oder Siemens eingehend mit diesem Thema. Die Maschinenfabrik Tadano Frisch und Faun Niederlassung Nürnberg mit ca. 500 Mitarbeitern konnte in den letzten drei Jahren durch gravierende Umgestaltungsmaßnahmen sowohl im Produktionsablauf als auch in der internen Organisationsstruktur und durch Änderung der Hierarchieform und Mitarbeiterführung die Produktivität und Effizienz des gesamten Unternehmens erheblich steigern.

> *Auch kleine Unternehmen können von diesen Überlegungen profitieren.*
>
> *Wenn die Organisationsstruktur eines Betriebes gut durchdacht ist, hat dies*
>
> *sowohl für die Mitarbeiter*
>
> *als auch für das Endergebnis des Unternehmens*
>
> *positive Auswirkungen.*

Wie könnte nun eine effiziente Organisationsstruktur für ein Planungsbüro aussehen?

Überlegungen zur Entwicklung einer funktionierenden Organisationsstruktur für ein Planungsbüro sollen über folgende Punkte angestellt werden:

- Mitarbeiter:

Da es sich bei Planungsleistungen nicht um Produktions- sondern um fast reine „Dienstleistungen" handelt, der Personaleinsatz also relativ groß ist, sind die Mitarbeiter ein wichtiger Punkt, über den man sich Gedanken machen sollte.

- Arbeitsabläufe, Arbeitsver- und einteilung:

Wer macht was, wann, wie?

- Informationsfluß:

Jeder Mitarbeiter im Büro muss die Information erhalten, die er zur Erstellung der Leistung braucht und darüber hinaus Informationen, die zum Allgemeinverständnis der Aufgabe dienen.

- Kommunikation:

Kommunikation spielt bei der Bewältigung jeder Aufgabe eine wichtige Rolle. Je besser die Kommunikation funktioniert, desto leichter können Aufgaben gelöst werden.

Die Organisationsstruktur für ein Planungsbüro soll auf einer horizontalen Struktur basieren

3.2   Beschreibung der Elemente einer Horizontalen Organisationsstruktur

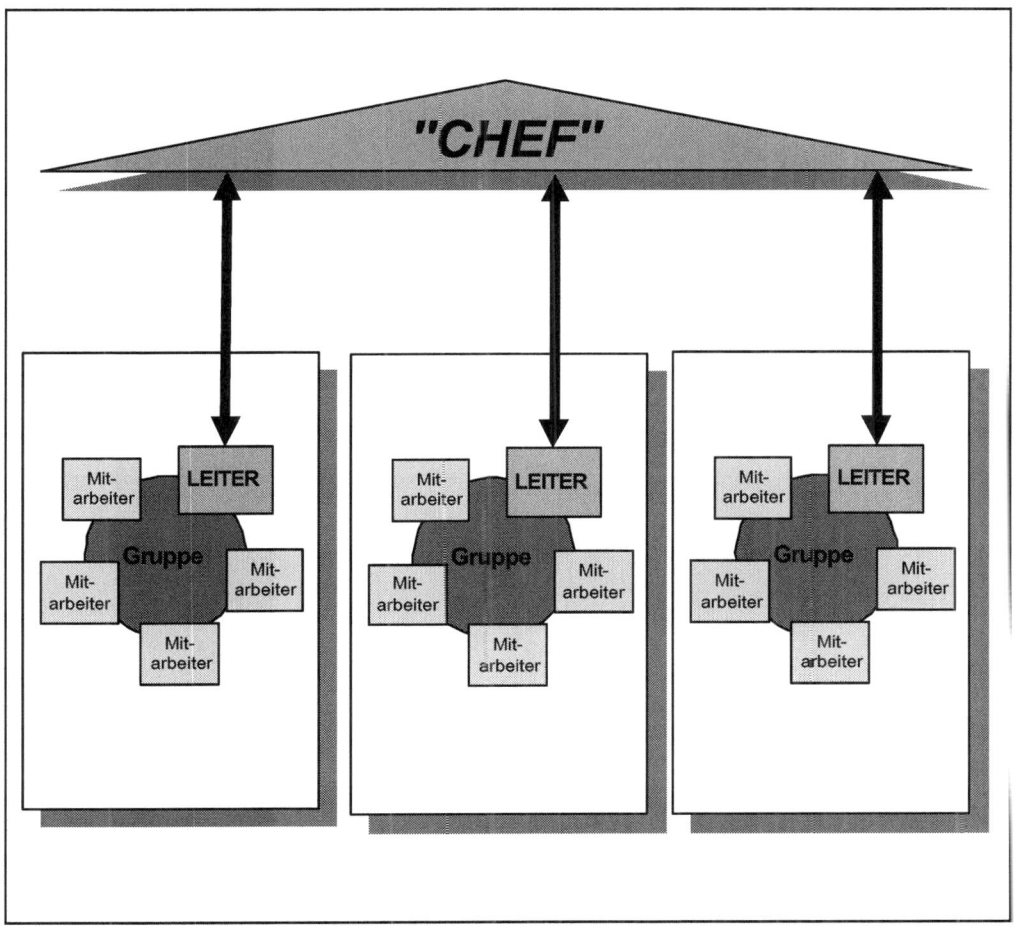

Abbildung 10: Horizontale Strukturierung in einem Planungsbüro;   „Chef" = Geschäftsführung

3.2.1 Wesentliche Elemente einer Horizontalen Organisationsstruktur

- **„Zwei Hierarchieebenen":** Die Organisationsstruktur besteht im wesentlichen aus zwei Hierarchieebenen, dem „Chef" und den Projektgruppen.

- **„Das Projekt"** stellt das Hauptelement der Organisationsstruktur dar. Um das Projekt herum bilden sich Arbeitsgruppen. Größe (Anzahl der Mitarbeiter) und Zusammensetzung (Qualifikation der Mitarbeiter) der Arbeitsgruppe richtet sich nach den Anforderungen des Projekts.

- **„Die Gruppe":** stellt den eigentlichen **Arbeitsträger** der Organisationsstruktur dar. Die Arbeit, d.h. das Lösen der gestellten Aufgabe, wird ausschließlich in der **Arbeitsgruppe**, im „Team", erledigt. Einzelarbeit gibt es nicht. Die Gruppe arbeitet eigenverantwortlich und souverän, sie ist für das Gelingen des gesamten Projektes voll verantwortlich. Die Gruppe betreut eine an sie gestellte Aufgabe vom **Projektanfang** bis zum **Projektende**.

Anmerkung

Eine andere Möglichkeit der Arbeitseinteilung in einem Planungsbüro ist die Arbeitsverteilung auf „Abteilungen": Jede Abteilung ist für eine andere Aufgabe zuständig. Die Planungsabteilung macht nur Ausführungs- und Detailplanung, die Ausschreibung ist Sache der Ausschreibungsabteilung, der Entwurf obliegt der Entwurfsabteilung, und so weiter.

Die „Abteilung" unterscheidet sich von der vorbeschriebenen „Gruppe" dadurch, dass sie nur für die an sie gestellte Aufgabe zuständig und verantwortlich ist, nicht aber für das gesamte Projekt. Die Gruppe hingegen bearbeitet das Bauvorhaben von Projektanfang bis Projektende.

Der Arbeitsablauf in einer horizontalen Organisation

Der Arbeitsablauf kann folgendermaßen aussehen:

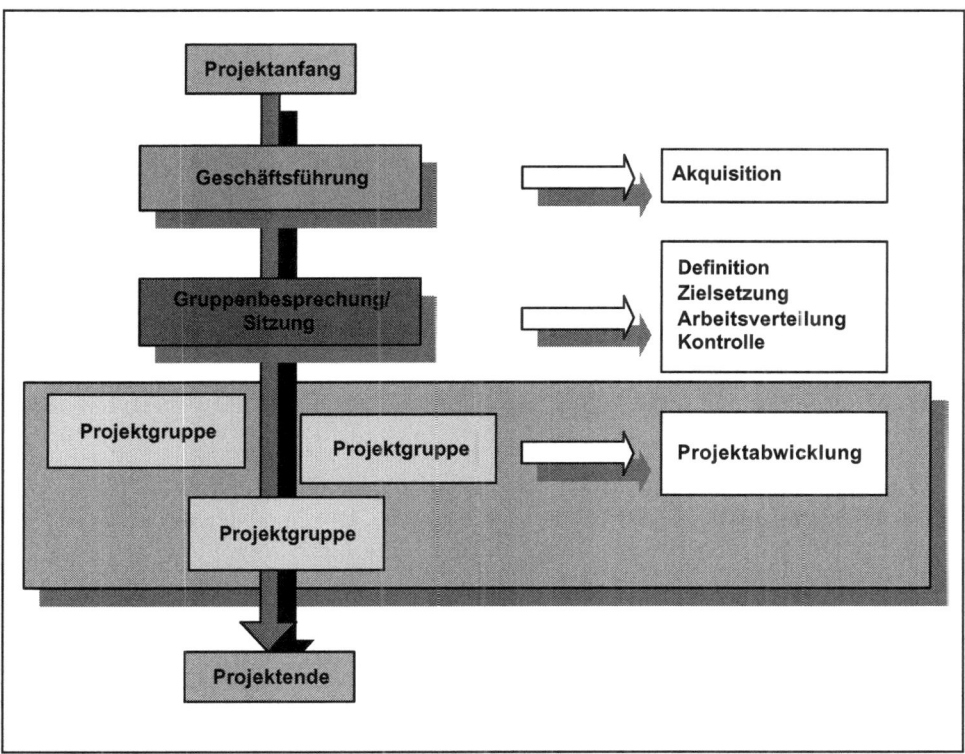

Abbildung 11: *Arbeitsablauf und Elemente in einer horizontalen Organisationsstruktur*

Die vom Bauherrn gestellte Aufgabe (Auftrag, Projekt) wird von der **Geschäftsführung** an die einzelnen **Arbeitsgruppen** verteilt. Die Gruppen sind für die Abwicklung der gestellten Aufgabe **verantwortlich** und müssen sich an die von der Geschäftsführung vorgegebenen Randbedingungen, wie zum Beispiel Termine, Budget etc. halten.

3.2.2 Beschreibung der Elemente einer Horizontalen Organisationsstruktur

3.2.2.1 Die Geschäftsführung

Zusammensetzung der Geschäftsführung:

Wird ein Unternehmen nur von einer Person geführt, die zugleich der Eigentümer ist, so ist die Einheitlichkeit der Willensbildung und der Vertretung des Unternehmens nach außen hin geklärt. Werden die Führungsentscheidungen von mehreren Personen getroffen, so muss die Führungsgruppe so organisiert werden, dass sie funktions- und entscheidungsfähig ist. Bei Personengesellschaften können die Befugnisse der geschäftsführenden Gesellschafter in der Regel durch Vertrag frei gestaltet werden (GesmbH, ...). Bei Kapitalgesellschaften schreiben das Gesetz und ggf. die Satzungen eine bestimmte Organisation durch Bildung von Führungs- und Kontrollorganen vor. (Aktiengesellschaften, etc.). Bei einer Ziviltechnikergesellschaft müssen lt. Ziviltechnikergesetz 1993 alle Geschäftsführer über eine aufrechte Befugnis verfügen. Die Anteile am Unternehmen, Haftung, Zeichnungsbefugnis, etc. können, wie bei einer herkömmlichen GesmbH im jeweiligen Gesellschaftsvertrag individuell geregelt werden.

Aufgaben der Geschäftsführung:

- **Akquisition von Aufträgen:** Die Akquisition und die damit verbundenen Gespräche und Aktivitäten müssen von der Führungsebene eingeleitet und durchgeführt werden. Das Führen von ersten Bauherrengespräche, das Klären der Aufgabenstellung (worum geht es überhaupt, was will der Bauherr?) ist Aufgabe der Führungsebene.

- **Grobe Definition der Aufgabenstellung:** Aufgabe der Geschäftsführung ist die Definition der Aufgabenstellung. Das heißt: Aufträge werden von der Geschäftsführung akquiriert und an die Arbeitsgruppen im Büro delegiert. Dazu muss die Aufgabe, welche die Arbeitsgruppen lösen soll, grob definiert werden. (Was will der Bauherr, welche Leistung soll erbracht werden?)

- Treffen von Entscheidungen: Aufgabe der Geschäftsführung ist es, Entscheidungen zu treffen.

- Reports über die allgemeine Geschäftslage (Mitarbeiterinformation): Viertel- oder halbjährlich muss von der Geschäftsführung ein Report über die allgemeine Geschäftslage abgehalten werden. Dieser Vortrag soll für das gesamte Büro die Auftragslage, Beschäftigungsauslastung und die zukünftige Entwicklung des Unternehmens für alle Mitarbeiter offen legen. Die Mitarbeiter sollen dadurch die Sachlage besser verstehen und Zusammenhänge erkennen können.

- Das Schließen von Verträgen: Verträge jeder Art (Bauherrenverträge, Werkverträge mit Subunternehmern, Mietverträge, Werk- oder Dienstverträge mit den Mitarbeitern, etc.) werden mit den berechtigten Personen der Führungsebene geschlossen. (Geschäftsführer, Partner,...)

- Verantwortung: Die Führungsebene trägt Verantwortung dem Bauherrn gegenüber für die vom Büro erbrachte Gesamtleistung. Das Planungsbüro garantiert dem Bauherrn die einwandfreie Erbringung der Leistung. Die Geschäftsführung trägt weiters Verantwortung für die Arbeitsplatzerhaltung und das geregelte Einkommen der Mitarbeiter.

- Delegieren der Arbeit: Die Führungsebene greift in die einzelnen Aufgabenbereichen der Gruppen nur ein, wenn Abweichungen von den angestrebten Zielen eintreten und in speziellen Situationen wichtige Entscheidungen getroffen werden müssen. Alle Routineentscheidungen das jeweils zu bearbeitende Projekt betreffend werden an die Gruppen delegiert und müssen von der Gruppe getroffen werden. Die Unternehmensführung wird dabei von Routinetätigkeiten weitgehend entlastet und kann sich den eigentlichen Führungsaufgaben widmen.

Die folgende Graphik soll das Delegieren der Arbeit veranschaulichen:

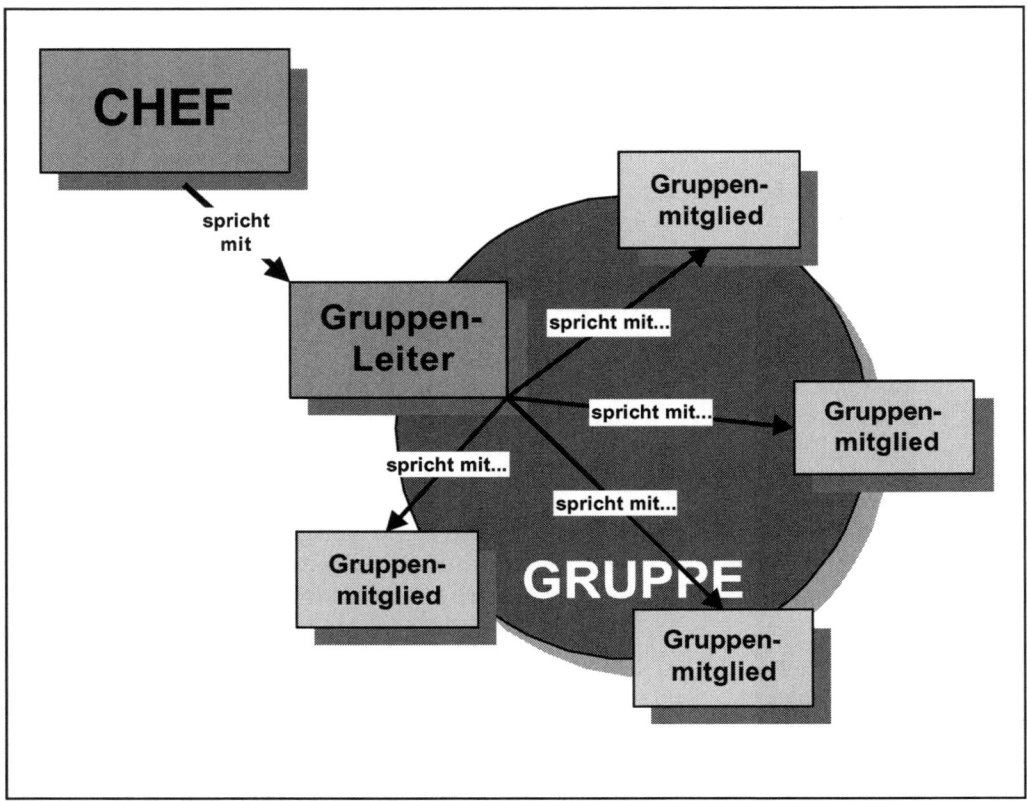

Abbildung 12: Delegieren der Arbeit;   „Chef" = Geschäftsführung

Kontrolle:

In den **Gruppenbesprechungen** werden Probleme, Vorschläge, Schwierigkeiten und vieles mehr behandelt. Durch die **relative Selbständigkeit der Gruppen** spielt Kontrolle eine wichtige Rolle. Es muss von der Geschäftsführung festgelegt werden, welche Abweichungen vom geplanten Ergebnis (z.B. Terminverzug, Budgetüberschreitung, ...) noch zulässig sind, bevor eingegriffen werden muss, um das vorgegebene Ziel zu erreichen.

Wichtigstes Kontrollinstrument der Geschäftsführung ist die

Gruppenbesprechung

Übersicht über die Aufgaben der Geschäftsführung:

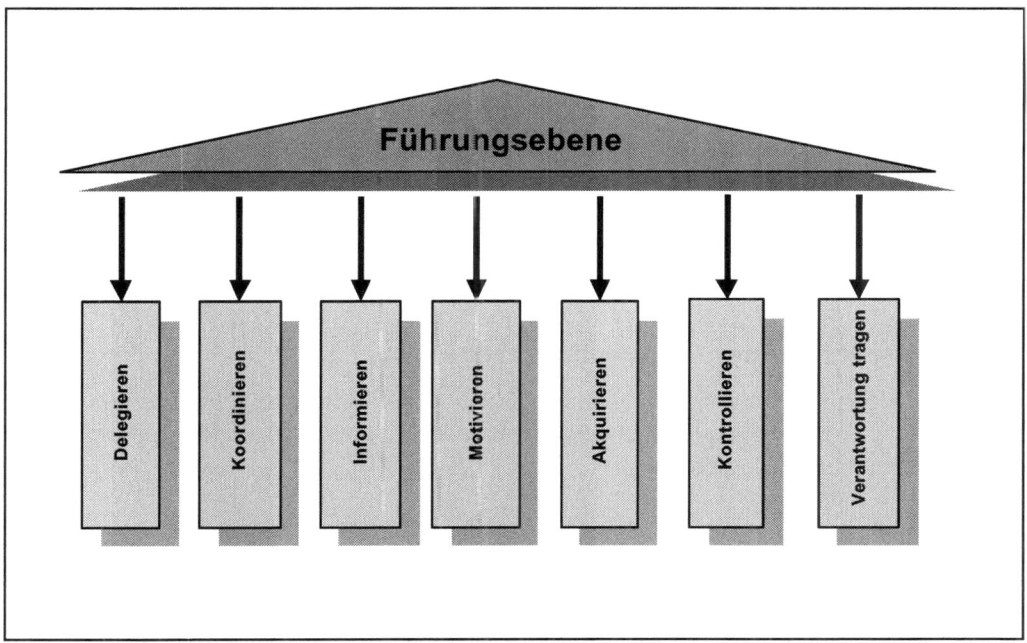

Abbildung 13: Aufgaben der Führungsebene

3.2.2.2 Die Gruppenbesprechungen

Die Gruppenbesprechung soll zur

innerbetrieblichen Verständigung dienen

Die Gruppenbesprechung wird von der Geschäftsführung einberufen (beispielsweise mittels Anschlag, mündlich, Rundschreiben) und dient **der Kontrolle und gegenseitigen innerbetrieblichen Verständigung**.

Es ist wichtig, dass die Gruppenbesprechungen **regelmäßig**, d.h. immer zum selben Termin und am selben Ort stattfinden. (z.B. 2x im Monat, immer mittwochs von - bis, im Sitzungszimmer, in der Teeküche etc...). Die Sitzungen müssen zur Gewohnheit werden und im voraus planbar sein, sodass sich alle Beteiligten darauf einstellen können. Wichtig ist, dass die Sitzungen **nicht lange** dauern **(max. 1-2 Stunden)** und eine fixe Zeitangabe von - bis angegeben und auch eingehalten wird. Nichts ist unangenehmer und demotivierender als eine Sitzung, deren Ende nicht absehbar ist.

Zusammensetzung der Gruppenbesprechungen

Wer an der Gruppenbesprechung teilnimmt, entscheidet die Geschäftsführung. Es sollen nicht zuviel Personen an einer Besprechung teilnehmen. Je mehr teilnehmen, desto unübersichtlicher und ineffizienter ist die Besprechung.

Folgende Personen nehmen an Gruppenbesprechungen teil:

- Geschäftsführung: Ein oder mehrere Geschäftsführer mit aufrechter Ziviltechniker-Befugnis oder Geschäftspartner je nach Gesellschaftsvertrag.

- Gruppenleiter: Der Gruppenleiter ist der Vorgesetzte der jeweiligen Gruppe und für die Geschäftsführung, den Bauherrn, Subunternehmer etc. erster Ansprechpartner.

- Gruppenmitglieder: Temporär und themenabhängig werden Teammitglieder (Anzahl ist projektabhängig) an der Gruppenbesprechung beteiligt. Es können jedes Mal andere Teammitglieder einer Gruppe eingeladen werden. Es ist auch nicht erforderlich, den Gruppenleiter jedes Mal miteinzubinden.

Zusammensetzung der Gruppenbesprechung Übersicht:

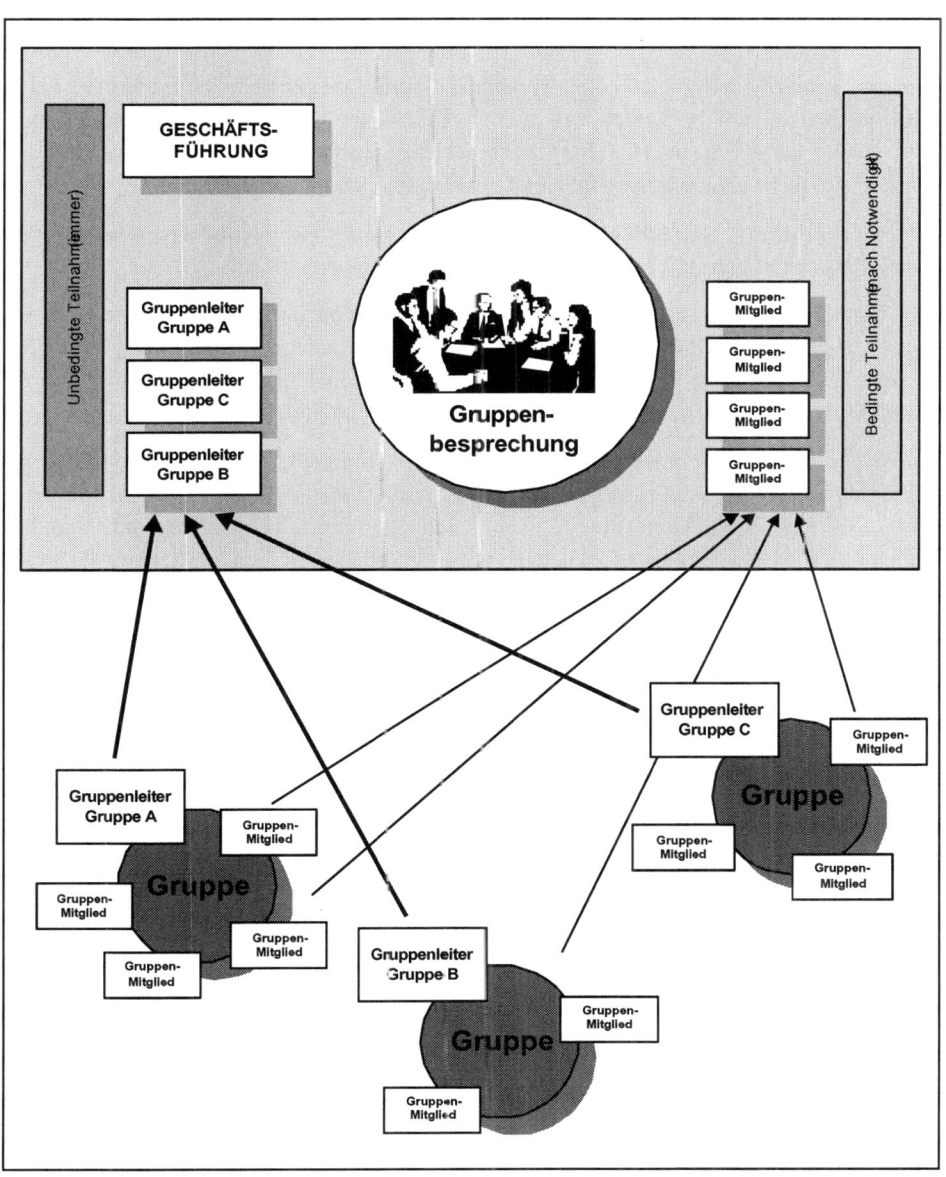

Abbildung 14: Mögliche Zusammensetzung einer Gruppenbesprechung

Aufgaben der Gruppenbesprechungen:

- Die Gruppenbesprechung ist ein **Kontroll- und Organisationsinstrument der Geschäftsführung**, um Aufgaben des Planungsbüros im kleinen Rahmen schnell und effizient zu koordinieren. In der Gruppenbesprechung werden **alle** für das Büro und die Projekte wichtigen Themen besprochen und entschieden, dazu zählen:

- **Problembesprechung, Statusbericht der Gruppen:** In der Gruppenbesprechung werden alle **projektspezifischen** und **organisatorischen** Probleme diskutiert.

- Da die Besprechung ein **Kontrollinstrument der Geschäftsführung** ist, müssen die Gruppen alle wichtigen Daten offen legen, die das zu bearbeitende Projekt betreffen. Dies kann zum Beispiel in Form eines **Statusberichtes** geschehen, der Arbeitsfortschritte, verbrauchte Arbeitsstunden, Budget, Terminpläne etc. beinhaltet.

- Beispiele von Diskussionspunkten bei Gruppenbesprechungen: Eine Gruppe steht unter Termindruck und wird nicht zum vereinbarten Zeitpunkt fertig, es gibt Streitigkeiten mit Subunternehmern, dem Bauherrn etc. - wie soll verfahren werden? Die Gruppe hat zuwenig/zuviel Mitarbeiter, Mitarbeiter haben Schwierigkeiten miteinander, sind unter/überqualifiziert - was soll gemacht werden?, u.a.m.

- **Treffen von Entscheidungen:** In der Gruppenbesprechung müssen Entscheidungen **aller Art** getroffen werden. Je kurzfristiger Entscheidungen getroffen werden können, desto günstiger wirkt sich dies auf den gesamten Arbeitsablauf aus.

- **Führen eines Gruppenbesprechungs-Protokolls:** Bei jeder Gruppenbesprechung muss ein Protokoll geführt werden. Dieses Protokoll enthält alle wesentlichen Entscheidungen, Ergebnisse, Problempunkte, die bei der Sitzung erörtert und festgelegt werden.

- Das **Protokoll** muss allen Mitarbeitern zugänglich sein. Entweder wird es dazu an einem zentralen Ort (Schwarzes Brett, Teeküche, ...) für alle Mitarbeiter sichtbar aufgehängt, oder es wird direkt an die Gruppen verteilt.

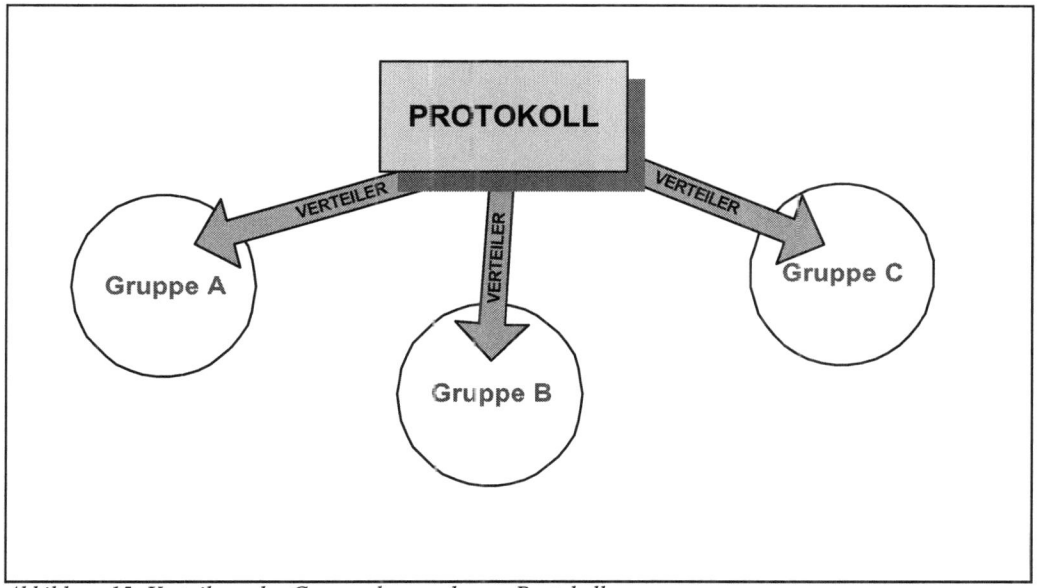

Abbildung 15: Verteilung des Gruppenbesprechungs-Protokolls

Das Protokoll ist wichtig, weil es sowohl **Problemstellungen** als **auch getroffene Entscheidungen festhält und datiert**.

Somit bietet es eine gute Handhabe gegen alle Arten von bürointernen und externen Anfeindungen, Intrigen und Spekulationen. Auch gegenüber dem Auftraggeber können Probleme und Entscheidungen besser transparent gemacht werden.

Der Ablauf einer Gruppenbesprechung:

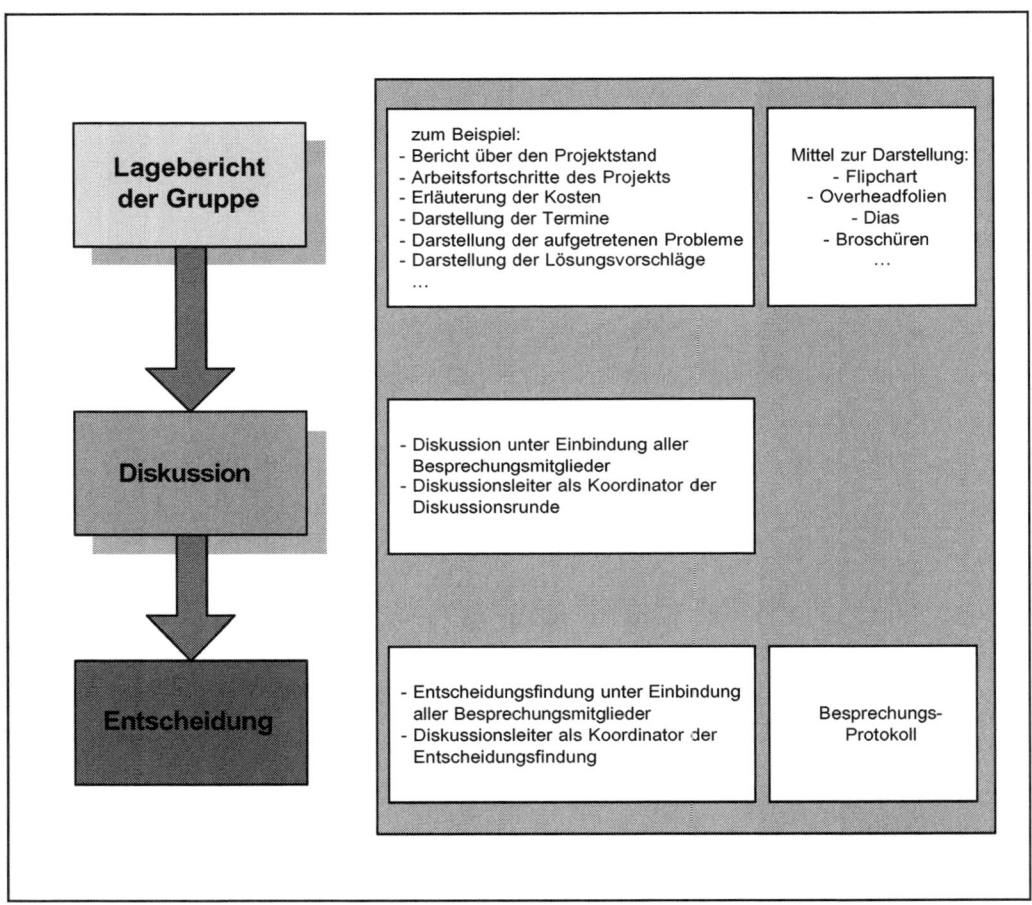

Abbildung 16: Ablauf einer Gruppenbesprechung

Die Gruppenbesprechung dient der Erörterung, **bürointerne Angelegenheiten**. Bauherrengespräche, Gespräche mit Subunternehmern, etc. werden von der Geschäftsführung oder den Gruppenleitern/Gruppenmitgliedern in einem anderen Rahmen geführt.

Die Gruppenbesprechung

dient zur

innerbetrieblichen Verständigung

3.2.2.3 Die Gruppe, das „Team"

Die Gruppe ist das Hauptelement des Unternehmens. Sie arbeitet eigenverantwortlich und genießt einen Autonomie-Status im Unternehmen.

Zusammensetzung der Gruppe:

Die Gruppe besteht aus den **Gruppenmitgliedern** und dem **Gruppenleiter**.

- **Gruppenmitglieder:** Die Gruppenmitglieder sind alle gleichrangig, es gibt keine hierarchische Gliederung, keine Mehr- oder Minderwertigkeit. Orientierungspunkt der Gruppe ist das **Projekt**. Die Gruppe bildet sich um das Projekt, die Anzahl der Gruppenmitglieder richtet sich nach den Anforderungen des jeweiligen Projektes. Dadurch verändert sich die Größe und Zusammensetzung der Gruppe ständig. Das hat zur Folge, dass die Gruppenmitarbeiter wechseln und spezielle Aufgabengebiete nicht an einer bestimmten Gruppe oder an bestimmten Mitarbeitern „hängenbleiben". Die Idee des sogenannten **„job-rotation"** steht hinter diesen Überlegungen. Jeder Mitarbeiter soll jede Tätigkeit im Büro ausführen können und dürfen. Das setzt voraus, dass die Mitarbeiter gut ausgebildet, lernfähig, lernwillig und flexibel sind.

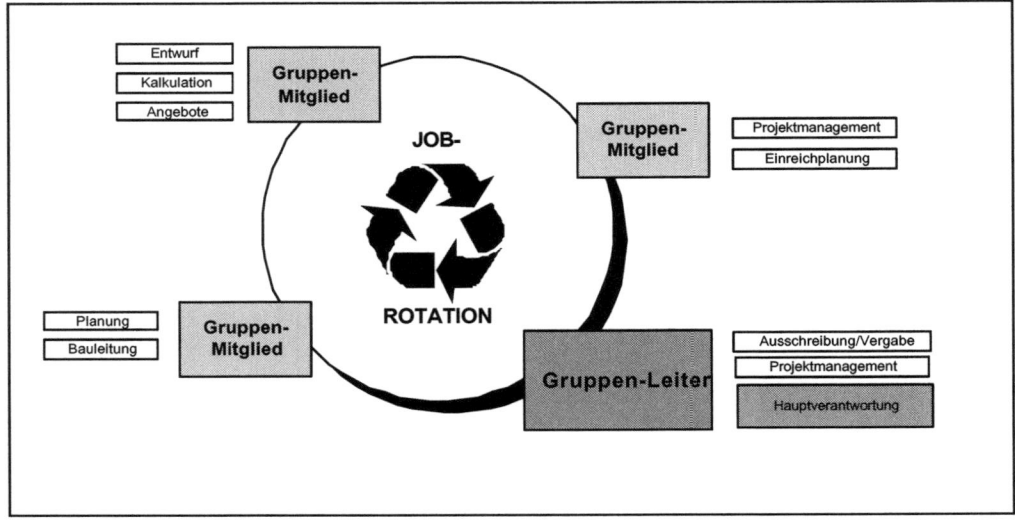

Abbildung 17: „job-rotation" in der Gruppe

- **Gruppenleiter:** Der Gruppenleiter vertritt die Gruppe nach außen hin und trägt auch nach außen hin Verantwortung für das Projekt. Die Federführung beim Projektablauf übernimmt der Gruppenleiter (Der Gruppenleiter zeichnet z.B. verantwortlich für den Entwurf, den Terminplan, die Arbeitsein- und aufteilung in der Gruppe).

Aufgaben der Gruppe:

Die Gruppe arbeitet eigenständig und ist für das Projekt verantwortlich. Arbeitsanweisungen von „oben" gibt es kaum, da wenig Hierarchieebenen existieren.

Das heißt:

> *Die Gruppe muss*
>
> *die anfallenden Arbeiten selbst einteilen*
>
> *die anfallenden Arbeiten selbst bearbeiten*
>
> *die anfallenden Arbeiten selbst koordinieren*
>
> *Die Gruppe ist für den Arbeitsablauf sowie die Leistung selbst verantwortlich*

- **Zieldefinition und Treffen von Routineentscheidungen:** Die Gruppe selbst steckt sich die Ziele, die zur Bewältigung der Aufgabe notwendig sind.

- **Terminvorgaben:** Die Gruppe definiert den Zeitrahmen zur Bearbeitung des Projekts. Grundlage dazu können sein wirtschaftliche Gründe (z.B. das Planungshonorar, das das Büro für die Leistung erhält) oder Vorgaben durch den Bauherrn (z.B. Vorgabe einer maximalen Planungszeit).

- **Kostenrahmen, Budget:** Die Gruppe definiert selbst ihren zur Bearbeitung notwendigen Kostenrahmen und das erforderliche bürointerne Budget.

- **Mitarbeiteranzahl:** Die Gruppe wählt selbst die Anzahl der Mitarbeiter, die zur Bearbeitung der gestellten Aufgaben erforderlich ist.

- **Mitwirkende Sub-Unternehmer:** Die Gruppe trifft eigenständig die Wahl der Sub-Unternehmer, die das Projekt mitbetreuen sollen, wie z.B. Statiker, Haustechnikplaner, Bodengutachter, Sachverständige etc.

- **Projektspezifische Entscheidungen:** Die Gruppe trifft grundsätzlich alle Routineentscheidungen, die das Projekt betreffen, wie zum Beispiel Auswahl des Bodenbelags (in Übereinstimmung mit dem Bauherrn), Wahl des Fenstersystems, Farbauswahl etc.

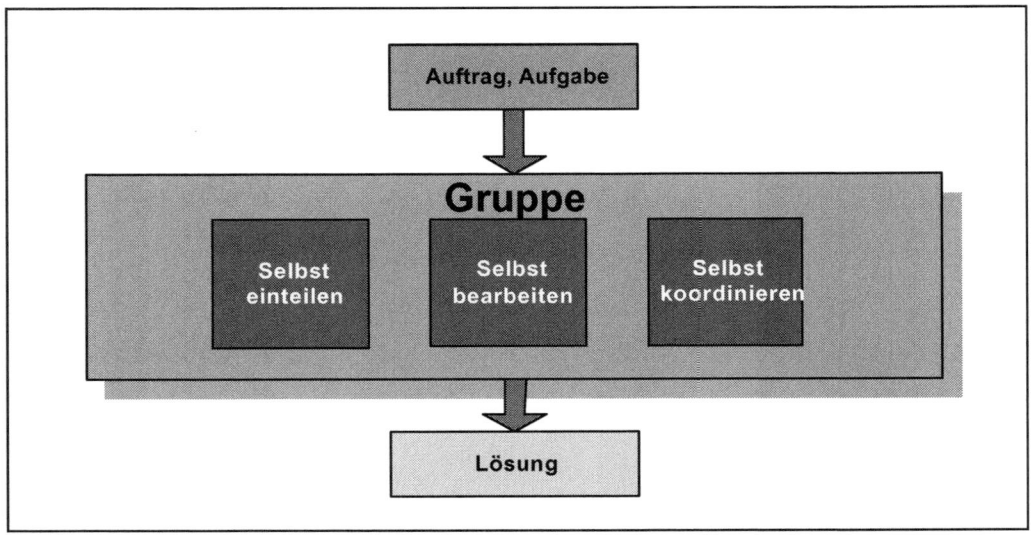

Abbildung 18: Aufgaben der Gruppe

- **Treffen von Entscheidungen die Gruppe selbst betreffend:**

Arbeitszeit	Wann wird begonnen, wie lange wird gearbeitet? etc.
Projektfortschritt	in dem vom Bauherrn/Geschäftsführung vorgegebenen Terminlimit
Projektdauer	in dem vom Bauherrn/Geschäftsführung vorgegebenen Terminlimit
Arbeitsablauf intern	Wer macht was, wer arbeitet wann mit wem zusammen?
Qualität	Wie kann der bürointerne Standard eingehalten werden?
Urlaubsplanung	Wann nimmt wer wielange Urlaub?

Alle **Routineentscheidungen** dieser Art werden den Arbeitsgruppen überlassen und mittels **interner Gruppenbesprechungen**, die individuell anberaumt und abgehalten werden, festgelegt.

- **Abhalten von internen Gruppenbesprechungen:** Der Gruppenleiter ist befugt, jederzeit interne Gruppenbesprechungen einzuberufen. Diese internen Gruppenbesprechungen sollen das Ziel haben, die Gruppe zu koordinieren, die Arbeitsfortschritte zu prüfen und Probleme zu besprechen. Dabei muss diskutiert und möglichst demokratisch eine Entscheidung getroffen werden. Bei nicht lösbaren Unstimmigkeiten entscheidet der Gruppenleiter.

- **Das Führen von Protokollen** bei jeder internen Gruppenbesprechung soll die Problemstellung und Entscheidungsfindung nachvollziehbar und für jedermann zugänglich machen. Diese Protokolle sind als Basis für Gruppenbesprechungen mit der Geschäftsführung und anderen Mitgliedern des Büros bestens geeignet.

Die Verantwortung in der Gruppe:

Grundsätzlich hat der Gruppenleiter die Verantwortung für das gesamte Projekt und für die Gruppe (Arbeitseinteilung, Zusammenarbeit, Koordination) zu tragen. Der Gruppenleiter ist erster Ansprechpartner für Geschäftsführung und Leuten von außen. Aber auch jedes Gruppenmitglied muss Verantwortung tragen, und zwar für die jeweilige eigene Arbeit.

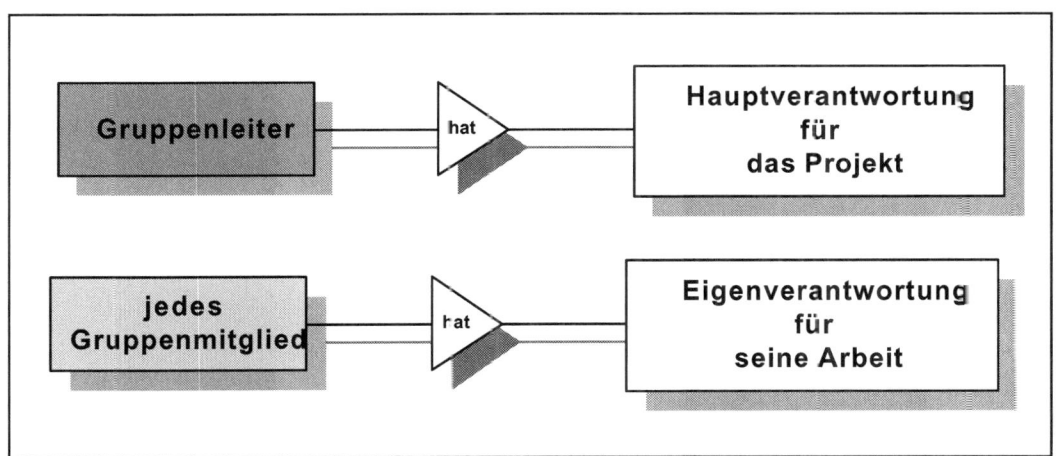

Abbildung 19: Verantwortung in der Gruppe

Das Verhalten in der Gruppe:

- **Unterordnung:** Oberstes Gebot in der Gruppe ist die Unterordnung. Jedes Gruppenmitglied muss sich der „Gruppe" unterordnen. Nicht der einzelne, sondern das Gesamte zählt.

- **Teamarbeit statt Einzelarbeit und Einzelleistungen:** Einzelleistungen sind bei Gruppenarbeit **nicht** gefragt. Einzelleistung zum Zwecke der Selbstpräsentation oder aus mangelnder Fähigkeit zur Zusammenarbeit hemmen die Arbeitsleistung der Gruppe. Teamarbeit besteht aus Zusammenarbeit, Absprache und Koordination aller Gruppenmitglieder und kann so durch mangelnde Kommunikation und Koordination bedingte Reibungsverlusten vorbeugen.

- **Gegenseitige Unterstützung:** Es gibt nur ein Miteinander, kein Gegeneinander. Die einzelnen Gruppenmitglieder müssen sich bei der Arbeit gegenseitig helfen und bei der Arbeit unterstützen.

3.2.3   Organisation eines Planungsbüros Übersicht

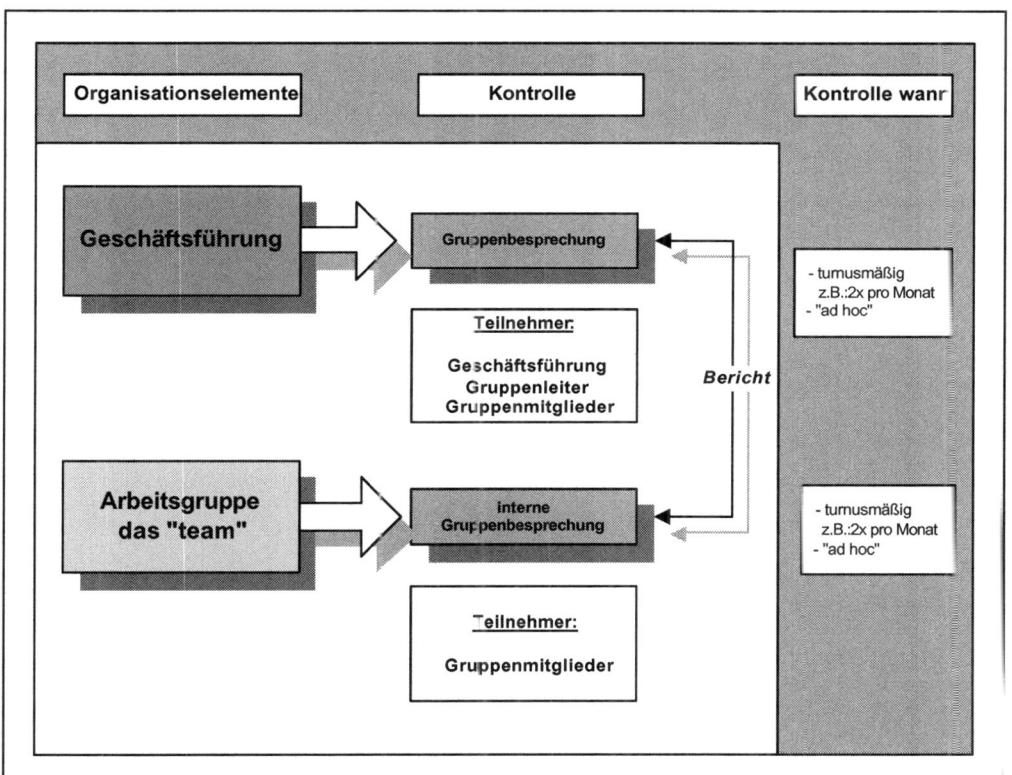

Abbildung 20: Übersicht: Organisation eines Planungsbüros

Die nun folgenden Kapitel beinhalten Grundlage, Basiswissen, mögliche Elemente und Bestandteile einer Organisationsstruktur für ein Unternehmen (Planungsbüro), das nach Kriterien horizontaler Gliederung funktioniert.

Die einzelnen Kapitel sollen als „**Katalog**" von verschiedenen Möglichkeiten verstanden werden, aus welchem einzelne oder mehrere brauchbar erscheinende Elemente herausgegriffen und verwendet werden können.

4 Organisationsformen allgemein

4.1 Geschichtliches zu Organisationstheorien

Moderne Gesellschaften sind „Organisationsgesellschaften". In nahezu allen gesellschaftlichen Bereichen kommt Organisationen eine bedeutende Rolle zu. In Organisationen werden folgenreiche Entscheidungen getroffen, in sie bringt der überwiegende Teil der Menschen ihre Erwerbstätigkeit ein, gestaltet mit ihrer Hilfe auch die Freizeit. Organisationen dienen zur Herstellung von Produkten und zur Bereitstellung von Dienstleistungen, Organisationen ermöglichen Herrschaften und sind Orte des Konflikts.

Aus diesem Grund stellt die Kenntnis einiger Erscheinungsformen und Funktionsweisen von Organisationen eine wesentliche Voraussetzung für die Gestaltung neuer Organisationsstrukturen dar. Mit Organisationstheorien haben sich eine Vielzahl von Leuten auseinandergesetzt und über die einzelnen Theorien ist mindestens ebensoviel geschrieben worden. Das älteste bekannte Beispiel eines „Management-Leitfadens" stammt aus dem Alten Ägypten. Ungefähr 2700 v.Chr. hielt Ptah-hotep, ein Wesir des Königs Issi, Organisationspraktiken für den Bau der Pyramiden auf Papyrusrollen fest. Zweifellos stellte der Bau der Pyramiden zur damaligen Zeit nicht nur eine technische, sondern vor allem eine organisatorische Glanzleistung dar.

Um Organisationsstukturen besser erklären zu können, sollen an dieser Stelle zwei der markantesten Theoretiker herausgegriffen werden, die sich intensiv mit der Frage der Organisationsstrukturen beschäftigt haben: Max Weber und F. W. Taylor.

4.1.1 Max Weber: Gedanken zur Organisationsform „Bürokratie"

Max Weber wurde 1864 in Erfurt geboren. Er begann 1882 in Heidelberg ein Jurastudium, das er in Berlin mit Promotion und Habilitation abschloss. Nach einer Professur in Freiburg (1894-1896) lehrte er in Heidelberg, wo er bis 1919 blieb. Dann nahm er einen Ruf an die Universität München an. Dort verstarb er 1920.

Einen Staat ohne eine nach bürokratischen Prinzipien aufgebauten Verwaltung können wir uns heute kaum vorstellen. Dabei gibt es diese Einrichtung noch gar nicht so lange. Erst im **absolutistischen Zentralstaat Frankreichs** wurde ein **Verwaltungsapparat**, in erster Linie zur Eintreibung der Steuern, aufgebaut, was damals eine revolutionäre Neuerung bedeutete. Mit dieser Entwicklung stand natürlich die Industrie in engem Zusammenhang. In der zweiten Hälfte des 19. Jahrhunderts entstanden große Industrieunternehmen im europäischen Bereich, deren Verwaltung nach ähnlichen Prinzipien gestaltet wurden wie die öffentlichen. Die staatlichen Organisationsstrukturen stellten das einzige Vorbild für Wirtschaftsunternehmen dar, Strukturen in diesem Sinn waren vorher ja nicht üblich. Die Angestellten dieser Unternehmen wurden noch Beamte genannt, in vielen Fällen kamen sie auch aus dem Staatsdienst, dessen Organisationsprinzipien sie auf die Unternehmensverwaltung übertrugen.

Max Weber beschäftigte sich mit Bürokratien, stellte sie in Zusammenhang mit dem Prozess der Rationalisierung und er untersuchte die Fähigkeit des Menschen, sich mit der natürlichen und sozialen Umwelt geistig auseinander zusetzen. Weber war nicht nur der Begründer der Soziologie, seine Analysen zur Bürokratie machten ihn zu einem Wegbereiter moderner Organisationstheorien.

Wesentliche Ergebnisse seiner Forschungen

- **Rationalisierung als Leitidee:** Durch Rationalisierung, d.h. durch Einbeziehung wissenschaftlicher Erkenntnisse, der Erweiterung des empirischen Wissens, der instrumentellen und organisatorischen Beherrschung empirischer Vorgänge, sollte zunehmende Berechenbarkeit und Beherrschung von Problemen im weitesten Sinn erreicht werden. Magie und Aberglaube stehen seiner Meinung nach jeglichen Weiterentwicklungen hemmend im Wege.

- **Rationalisierung auf Ebene der Institutionen:** „Die Bürokratie": Dass es sich bei der Bürokratie um einen besonderen Organisationstyp handelt, wird deutlich, wenn man sie mit früheren, recht unterschiedlichen Verwaltungen vergleicht. Beispielsweise wurden vor dem 19. Jhdt. Herrschaftsgebiete von Fürsten verwaltet, die die Verwaltung wiederum an niedrigere Adelige übertrugen. Jede Verwaltungsebene „entlohnte" sich nach eigenem Ermessen, selbst die eingesetzten Beamten konnten sich in gewissen Grenzen schadlos halten. Die Einführung eines bürokratischen Verwaltungsapparates stellte das Gegenteil dar. Der Apparat setzte sich in der Regel aus hauptberuflichen Beamten zusammen, die fest angestellt waren und einen fixierten Lohn erhielten. Eigenmächtiges Handeln wurde durch festgesetzte Normen und Regeln zu einem Großteil ausgeschaltet, die Organisation als Ganzes dadurch kontrollierbarer. Weber sah diesen Punkt als entscheidenden Vorteil gegenüber der bis dahin herrschenden Willkür der Mächtigen.

- **Die Struktur der Bürokratie:** Wesentliche Elemente der Bürokratie stellen nach Weber die Arbeitsteilung, feste Zuständigkeiten der Beamten und die Amtshierarchie, ein fest geordnetes System von Über- und Unterordnung, dar. Obwohl Weber grundsätzlich für das bürokratische Organisationsprinzip eintrat, bemerkte er doch sarkastisch, dass „Bürokratien und ihre festgeschriebenen Hierarchien dazu beitragen, den Beamten jeglichen Eigensinn auszutreiben, sie auf formalen Gehorsam festlegen, ohne Rücksicht auf die eigene Ansicht über den Wert oder Unwert der Anordnung". Weber sah viele Schwachstellen im bürokratischen System: Entpersönlichung des einzelnen, Einengung durch Rationalisierung, das Entwickeln von Eigengesetzlichkeiten durch einzelne Beamte, Trägheit des Systems durch Unflexibilität, um nur einige zu nennen. Aus der Kenntnis dieser Schwachstellen schlug Weber Auswege aus dem durch Bürokratie hervorgerufenen Dilemma vor: „An die Spitze bürokratischer Stäbe sollen charismatische Führer und an die Spitze der Industriebetriebe selbstverantwortliche Unternehmer gestellt werden. Der aus freier Eigenverantwortung handelnde Führer soll auf Basis persönlicher Wertvorstellungen der gesellschaftlichen Entwicklung die Richtung weisen und verhindern, dass der bürokratische Apparat, dessen er sich bedient, ein Eigenleben entwickelt". Weber bejahte das uneingeschränkte emotionale und demagogische Element im Kampf um Wählerstimmen bzw. der obersten Stellung in einem Betrieb.

Auch J.S Mill beschäftigte sich in seinem Buch „On Liberty and Considerations on Representative Government", Oxford 1948, mit Bürokratien und schreibt: „Die Bürokratie ist effizienter als etwa die feudalistische Verwaltung, in der Adelige die Herrschaftgewalt erben und diese unprofessionell und häufig nach Maßgabe egoistischer Interessen ausüben." Und weiter: „Die Krankheit, die Bürokratien befällt und an der sie zugrunde gehen, ist die Routine [...]. Eine Bürokratie wird unweigerlich zur „Pedantokratie". [...] Nur solange eine Bürokratie menschlich bleibt und über die notwendige Originalität des Denkens verfügt, hat sie die Möglichkeit, sich über die mittelmäßigen Spezialisten der Bürokratie hinweg- und eigene Vorstellungen durchzusetzen."

4.1.2   Frederick. W. Taylor „Management" als Wissenschaft

Taylor „verwissenschaftlichte" die Managementlehre, indem er „bewährte" Praxis identifizierte und Regeln daraus ableitete, damit sie die Unternehmer umsetzen konnten. Er prägte den Begriff des „scientific management".Taylorismus wurde zum Sammelbegriff für Methoden der Rationalisierung - der „systematischen Optimierung der Arbeitsorganisation".

Taylor wurde 1856 als Sohn wohlhabender Quäker geboren. Nach einer Lehre als Werkzeugmacher und Maschinist erwarb er 1883 ein Ingenieur-Diplom. Bei der Maschinenfabrik Midvale entwickelte er Zeit- und Bewegungsstudien und sein System der Prämienentlohnung. Er konstruierte leistungsfähige Werkzeuge und Maschinen und führte Experimente zur Erhöhung der Effizienz durch. 1893 wurde er Consulting Engineer (Unternehmensberater), einer sein wichtigsten Kunden war die Bethlehem Steel Company. 1915 starb er.

Die **Grundlage der Überlegungen Taylors** sind folgende Annahmen des Verhaltens von Organisationsmitgliedern:

1.   Der Mensch ist von Natur aus faul und auf seine Vergnügungen bedacht

2.   Glück erreicht der Mensch nur durch Konsum

3.   Deshalb ist er zur Arbeit nur durch finanzielle Anreize zu motivieren.

   Da 1. und 2. im Widerspruch stehen, muss der Mensch seine Natur durch Disziplin überwinden, um Glück zu erreichen.

4.   Da der Mensch aufgrund von Einsicht dies nicht schafft, muss er rigiden Regeln unterworfen werden.

5.   Ingenieure, die die „Wissenschaft" zur Erhöhung der Produktivität beherrschen, können diese Regeln am besten konstruieren. Auf diese treffen die Annahmen 1. bis 5. nicht zu und deshalb setzen sie ihr Wissen ein, um Arbeiteren zu Einkommen, Konsum und Glück zu verhelfen.

Daraus leitete Taylor seine wichtigsten Denkansätze ab

- **Trennung von Hand- und Kopfarbeit:** Die Arbeiter der frühen Fabriken brachten in der Regel ein reichhaltiges Erfahrungswissen in ihre Arbeit mit. Der Arbeiter plante seine Arbeitsabläufe, wählte das Werkzeug aus, richtete die Maschinen ein und bediente sie. Darin sah Taylor eines der Grundübel der Arbeitsorganisation, weil er überzeugt war, dass Arbeiter dieses Wissen zu Drückebergerei nutzten. Deshalb „[...] sei die Aufgabe des Managements", so Taylor, „[...] die große Masse des traditionellen Wissens der Arbeiter [...] zu sammeln, zu sichten und von 'scientific managern' auf bestimmte Gesetze, Regeln und sogar mathematische Formeln zu reduzieren". Die Erforschung der Arbeitsabläufe und das daraus resultierende Wissen sollten zur wesentlichen Erhöhung und qualitativen Verbesserung der Ausbeute jedes Arbeiters führen und somit den Gewinn des Unternehmens steigern. Dies bedeutete einen Ersatz der persönlichen Steuerung und Kontrolle durch unpersönliche Einflußnahme in Form von Arbeitsrichtlinien und Plänen

- **Pensum und Bonus:** Taylor 1913: „[...] Der Durchschnittsarbeiter wird zur größten eigenen Zufriedenheit wie zu der seines Arbeitgebers arbeiten, wenn er täglich eine bestimmte Arbeit, die ein richtiges Tagwerk für einen guten Arbeiter darstellt, zugewiesen bekommt [...]". Ein Bonus oder eine Prämie sollten zusätzlich dafür sorgen, dass die Arbeiter sich bemühen, die vorgegebene Tagesleistung zu erreichen.

- **Arbeitseinteilung durch Arbeitsbüros:** Zur Vorgabe des täglichen Arbeitspensums sieht Taylor die Meister und Vorarbeiter überfordert, „[...] sie sollen von geistiger und jeglicher Schreibarbeit befreit sein." Die Vorgabe der Arbeiten soll nur durch ein den Werkstätten angegliedertes „Arbeitsbüro" erfolgen. Die Arbeitsbüros hatten somit folgende Aufgaben: "[...] die vollständige Zerlegung der eingegangenen Aufträge in Einzelaufträge, die Ermittlung der Herstellungskosten, die Darstellung der monatlichen Übersichten, Lohnzahlung und Verrechnung, die Werkstättenaufsicht, die Sorge um die Verbesserung des Systems, [...]". (Taylor 1920). Diese Arbeitsmethode ersetzte weitgehend die Eigenverantwortlichkeit der Arbeiter durch Fremdkontrolle der sogenannten „Arbeitsverteiler".

- **Senkung der Mitarbeiterqualifikation:** Die Einrichtung der „Arbeitsbüros", die die Arbeit verteilen und beaufsichtigen sollten, führte zu einer Zunahme der unproduktiven oder indirekt-produktiven Stellen. Taylor sah diesen Umstand als mehr als gerechtfertigt an, weil diese Personalkosten durch die Senkung der erforderlichen Qualifikation bei den ausführenden Stellen und durch die bessere Ausnutzung der Leistungsfähigkeit der Arbeiter kompensiert würde. Hochbezahlte Facharbeiter konnten durch unter ständiger Anleitung arbeitende billigere Arbeitskräfte ausgetauscht werden.

In den Vereinigten Staaten stieß das System Taylors zu seinen Lebzeiten nicht immer auf Akzeptanz. Viele Unternehmen scheuten den hohen Aufwand einer Reorganisation. Taylorisierung brachte zudem eine Aufblähung des mittleren Managements mit sich, und viele Unternehmer waren skeptisch, ob die zu erzielenden Produktionsgewinne die Steigerung der indirekten Kosten kompensieren würden. Vor allem gefiel den Unternehmern nicht, dass nun die Mitarbeiter im Arbeitsbüro das Kommando übernehmen und das obere Management somit mit einem Machtverlust rechnen musste. Besonders die Gewerkschaften setzten sich vehement gegen Taylor ein, denn er hatte immer wieder betont, sein System würde sie überflüssig machen. 1911 verabschiedete die American Federation of Labor (AFL) eine Resolution gegen das „Speeding System", in der die Mitglieder aufgefordert wurden, dem Taylor-System jeden nur denkbaren Widerstand entgegenzusetzen. Erst während des 1. Weltkriegs kam es zu einer Annäherung zwischen der AFL und den Tayloristen. Die Gewerkschaften akzeptierten, dass der Taylorismus ein Mittel zur Erzielung von Lohnsteigerungen sei, und die Tayloristen plädierten nun für die Einbeziehung des „Scientific Management" in Tarifverhandlungen. Ein radikales Umdenken von seiten der Gewerkschaft erfolgte jedoch erst, als Lenin den Taylorismus als Mittel zur Steigerung der Produktion der sozialistischen Wirtschaft pries.

4.2   Kurzer Einblick in zwischenmenschliche Strukturen

Bevor die Formen von Organisationsstrukturen diskutiert werden, soll ganz kurz auf menschliche Verhaltensweisen im Berufsleben eingegangen werden, da erst das Wissen um diese etwas mehr Licht in die komplizierten zwischenmenschlichen Zusammenhänge bringen kann. Strukturen werden von Menschen gemacht und von Menschen getragen. Das Wissen um zwischenmenschliche Abläufe bildet die Basis für die Bewältigung von Strukturproblemen. An den Universitäten lernen die Studenten je nach Fachrichtung mehr oder weniger Wissenswertes über menschliche Verhaltensweisen. Vor allem die naturwissenschaftlichen Fakultäten vermitteln sehr wenig auf diesem Gebiet. Die Studenten werden meistens nur auf dem Fachgebiet selbst ausgebildet, sie erlernen die Lösungen für physikalische, chemische, elektrotechnische oder andere naturwissenschaftliche Probleme. Die Lösung fachspezifischer Fragen steht absolut im Vordergrund. Auf zwischenmenschliche und emotionelle Probleme oder gar die Bewältigung von Führungsaufgaben wird nicht oder nur in sehr geringem Umfang eingegangen. Gerade dieses Wissen ist jedoch die Grundlage für einen guten Berufseinstieg, in weiterer Folge Grundlage, um Führungsaufgaben zu übernehmen und ein gutes Zusammenarbeiten der einzelnen Mitglieder zu erreichen. Was hat es nun mit den „zwischenmenschlichen Strukturen" auf sich?

4.2.1 Zwischenmenschliche Strukturen

Bei dieser Form von Hierarchien handelt es sich - im Unterschied zu festgeschriebenen, offensichtlichen Bürostrukturen - um nicht sichtbare Formen der Wertigkeit des menschlichen Zusammenlebens. Man könnte sagen, dass es sich bei dieser Form um „ungeschriebene Gesetze" einer Organisationsstruktur handelt. Zwischenmenschliche Hierarchien gibt es in jedem Unternehmen. Gewisse Unterschiede einzelner Menschen sind anscheinend für das Zusammenleben unentbehrlich. Man könnte sie auch als „Hackordnung" bezeichnen. Studien haben ergeben, dass selbst in Unternehmen, in denen festgeschriebene Strukturen fehlen, Ersatzhierarchien geschaffen werden. Die Erforschung zwischenmenschlicher Abhängigkeiten ist sicher eine ebenso schwierige wie hochkomplexe Aufgabe, da Menschen Individuen sind und Verhaltensweisen sich schwer klassifizieren lassen.

Kriterien der „Hackordnung"

Da unsere mitteleuropäische Gesellschaft bis heute sehr hierarchisch gegliedert ist - erst in der letzten Zeit sind andere Gliederungsformen denkbar - haben sich im Lauf der Zeit Merkmale und Attribute hierarchischer Strukturen im Berufsleben herausgebildet, wovon einige markante Merkmale hier genannt sein sollen.

- **Titel:** Ein akademischer Titel gilt vielerorts noch als gewisses Statussymbol. Von einem Akademiker zum Beispiel wird im Unternehmen ein gewisses Wissen und Verhalten vorausgesetzt.

- Diejenigen, die keinen Titel besitzen, akzeptieren das Statussymbol, erwarten jedoch ein dementsprechendes Verhalten. Diejenigen, die ebenfalls einen Titel besitzen, möchten diesen nicht untergraben sehen.

- **Persönliche Anrede:** Wer „duzt", wer „siezt" wen? Duzen meint weniger persönliche Distanz, mehr Vertrauen, aber auch gleiche Basis. Wer duzt, stellt sich auf dieselbe Ebene. Die Anrede mit „Sie" schafft Distanz zwischen den Gesprächsbeteiligten die Gesprächsebene wird dadurch genauer definiert und abgesteckt.

- **Arbeitsplatz:** Wer hat den Fensterplatz, wer die nächste Nähe zum Chef, wer hat Sicht ins Grüne? Die Lage des Arbeitsplatzes bestimmt oft den sozialen Status des Mitarbeiters im Bürogefüge. Üblicherweise wird demjenigen größere Bedeutung beigemessen, der den subjektiv „schöneren" Arbeitsplatz hat.

- **Arbeitsplatzgröße:** Nicht nur die Lage des Arbeitsplatzes, sondern auch dessen Größe, ist ein Gradmesser des „Ranges" eines Mitarbeiters. Ein großes Büro vermittelt den Eindruck großen Ansehens, es vermittelt, dass derjenige, der über den Raum verfügt, viel „Macht" besitzt. Hingegen symbolisiert ein kleines Büro oder auch das Großraumbüro geringeres Ansehen, weniger beruflichen Einfluss. Auch die Platzverteilung in Großraumbüros unterliegt einer hierarchischen Ordnung. Der Platz am „Fenster ist „mehr wert" als der Platz im Inneren des Raumes. So werden die Sitzplätze meist statusbezogen auf die jeweiligen Mitarbeiter verteilt, die den Rang einnehmen, den sie sich selbst „erkämpft" haben oder der ihnen von den anderen Mitarbeitern oder Vorgesetzten zugeteilt worden ist.

- **Einkommen:** Die Gehaltsstufe, in der sich ein Mitarbeiter befindet, hat großen Einfluss auf seine Stellung im Unternehmen. Meistens wird um die Einkommenssituation des einzelnen im Büro ein großes Geheimnis gemacht. Niemand will sich in seine „Gehalts-Karten" schauen lassen. Aus diesem Grund wird ein Mitarbeiter von seinen Kollegen oft aufgrund seiner Kompetenzen und Aufgabengebiete im Büro „geschätzt", somit klassifiziert und einer bestimmten Rangstufe zugeordnet.

- **Dienstwagen:** Dem Privileg, einen Dienstwagen fahren zu dürfen, kommt eine große Bedeutung zu. Ein Dienstwagen unterstreicht die Wichtigkeit der eigenen Person, zeigt wie unabkömmlich man für das Unternehmen ist, zeigt, dass man Aufträge ausführen muss, für die andere nicht entsprechend geeignet sind. Meistens handelt es sich bei Dienstwagen um Autos der gehobeneren Klasse wie z.B. Autos der Marke Mercedes oder BMW. Da diese Autos an sich schon Statussymbole in unserer Gesellschaft sind, tragen sie im Unternehmen natürlich zusätzlich zur Wertschätzung der Person bei, die ein solches Auto fahren darf.

- **Parkplätze:** Dasselbe gilt für Parkmöglichkeiten, wenn diese aufgrund der Lage des Büros (z.B. im innerstädtischen Bereich) begrenzt vorhanden sind. Oft müssen Parkplätze von den Unternehmen teuer erworben oder angemietet werden. Dadurch steigt naturgemäß ein Mitarbeiter in Ansehen und Hierarchie, wenn er einen solchen Parkplatz benutzen darf.

- **Arbeitszeit:** Die Arbeitszeit, die durch bürointerne Verwaltungsstrukturen festgelegt ist, bedingt eine weitgehende Einteilung der Mitarbeiter in die jeweiligen Hierarchiestufe oder Klasse. Das Privileg der freien Zeiteinteilung wird daher sehr hoch bewertet. Mitarbeiter, die kommen und gehen dürfen, wann sie wollen, werden deshalb automatisch als höherwertig eingestuft.

- **Telephon:** Wer darf nur Ortsgespräche führen und wem sind Ferngespräche erlaubt? Die Position entscheidet in vielen Unternehmen über diese Befugnisse. Sachbearbeitern wird oft nur erlaubt, innerhalb des Landes zu telephonieren, Höhergestellten wird ein größerer Spielraum eingeräumt.

4.2.2 Der informelle Führer

Hat ein Unternehmen eine klar festgeschriebene Ordnung, sprich definierte hierarchische Bürostruktur, so sollte man glauben, lassen sich zwischenmenschliche Hierarchien von dieser fest vorgegebenen Ordnung ableiten.

Beispiel: Der Projektleiter untersteht lt. festgeschriebener Bürostruktur (visualisiert durch bürointerne Organigramme) dem Gruppenleiter, dieser wiederum der Geschäftsleitung usw. Der Projektleiter hätte somit ein „geringeres Ansehen, einen niedrigeren Rang" als der Gruppenleiter, weil er diesem lt. Schema weisungsgebunden ist.

Die zwischenmenschliche Hierarchie deckt sich jedoch nur selten mit der tatsächlichen Hierarchie der Bürostruktur. Entscheidend sind nämlich immer die Personen selbst, die sich in dem ihnen zugedachten Rang bewegen können oder nicht. Vorgesetzte sind daher oft nicht „die" wichtigen Entscheidungsträger. Die Frage nach dem tatsächlichen „Chef" bzw. Entscheidungsträger eines Büros ist aus diesem Grund nicht so leicht zu beantworten. In diesem Zusammenhang taucht ein weiterer Begriff der „Autorität" auf. Wer Autorität hat, besitzt Macht, wer autoritär handeln kann, besitzt Einfluss und Ansehen.

Was bedeutet nun Autorität?

4.2.3 Autorität

Es gibt verschiedene Arten von Autorität:

- **Autorität des Sachverstandes:** Jemand sie aufgrund sachlichen Wissens und Könnens zur Erreichung eines bestimmten Zieles.

- **Natürliche Autorität:** Sie ist in der Persönlichkeit eines Menschen verwurzelt und kann am besten mit Festigkeit umschrieben werden. Natürliche Autorität führt zu Achtung und Vertrauen bei Mitmenschen (Mitarbeitern).

- **Formale Autorität:** Formale Autorität hat man, weil man eine bestimmte Position bekleidet, z.B. die Autorität des Vaters, Lehrers, Projektleiters, Chefs etc. Sie ist „formal" bestimmt worden.

Autorität leitet sich vom lateinischen Wort „auctoritas" ab, was soviel bedeutet wie Macht, Ansehen, in weiterer Folge auch Einfluss, Einflußnahme.

Autorität hat auch in unserem Sprachgebrauch viel mit **Macht** zu tun und wird deshalb gerne in Verbindung gebracht mit Führungswissen und „führen können".

Wer „den Ton angeben kann", d.h. wer sich selbst durch Wortgewandtheit, durch selbstsicheres Auftreten und gute Umgangsformen, beeindruckende Reden etc., ins rechte Licht setzt, dem werden Führungsaufgaben eher anvertraut, als demjenigen, der über diese Eigenschaften nicht in entsprechendem Maß verfügt. Leistung und fachliches Können spielt in diesem Zusammenhang eine untergeordnete Rolle.

„Autorität haben" heißt aber noch lange nicht, dass man auch über Führungsqualitäten verfügt. Manchmal ist genau das Gegenteil der Fall. Viele Führungskräfte haben oft keine Ahnung, wie sie ihre Mitarbeiter führen, geschweige denn motivieren sollen, um ein gesundes Betriebsklima und effizientes Arbeiten zu erreichen.

Führungsqualitäten sind ungemein wichtig und werden in den nächsten Abschnitten näher erläutert.

4.3 Vertikale Strukturen

Der kurze geschichtliche Exkurs im vorigen Kapitel hat gezeigt, dass vertikale Strukturen in der Vergangenheit in fast allen Bereichen durchwegs üblich und gebräuchlich waren. Wie sehen vertikale Strukturen nun in der heutigen Zeit aus?

4.3.1 Kennzeichen Vertikaler Strukturen in der heutigen Zeit

Strukturen sind Teile der Unternehmensphilosophie eines Betriebes. Jedes Unternehmen hat eine solche, ausgesprochen oder unausgesprochen, d.h. bewusst oder unbewusst.

Vertikale Strukturen können, vereinfacht gesehen, folgendermaßen beschrieben werden:

Sie weisen eine vertikale Gliederung auf, die jedem Bereich einen Verantwortlichen zuordnet, der wiederum der nächsthöheren Stelle untergeordnet sind. Dadurch entsteht eine **pyramidenähnliche Form.**

Die unten angeführten Beispiele vertikaler Strukturierung sind allgemeiner Art und sollen das Wesen der Organisationsform darstellen. Vertikale Strukturen sind in jeweils angepasster Form für alle Arten von Unternehmen denkbar.

Nicht nur Produktionsbetriebe, hauptsächlich anhand dieser sind Organisationsformen analysiert und ausgewertet worden, auch Dienstleistungsbetriebe können vertikal strukturiert sein. Die Größe des Unternehmens hat dabei wenig Einfluss auf die Organisationsform.

- Die personelle Strukturierung:

Das heutige „klassische Management", ausgerichtet an „klassischen Führungsformen", lässt sich am besten durch folgendes Organigramm veranschaulichen:

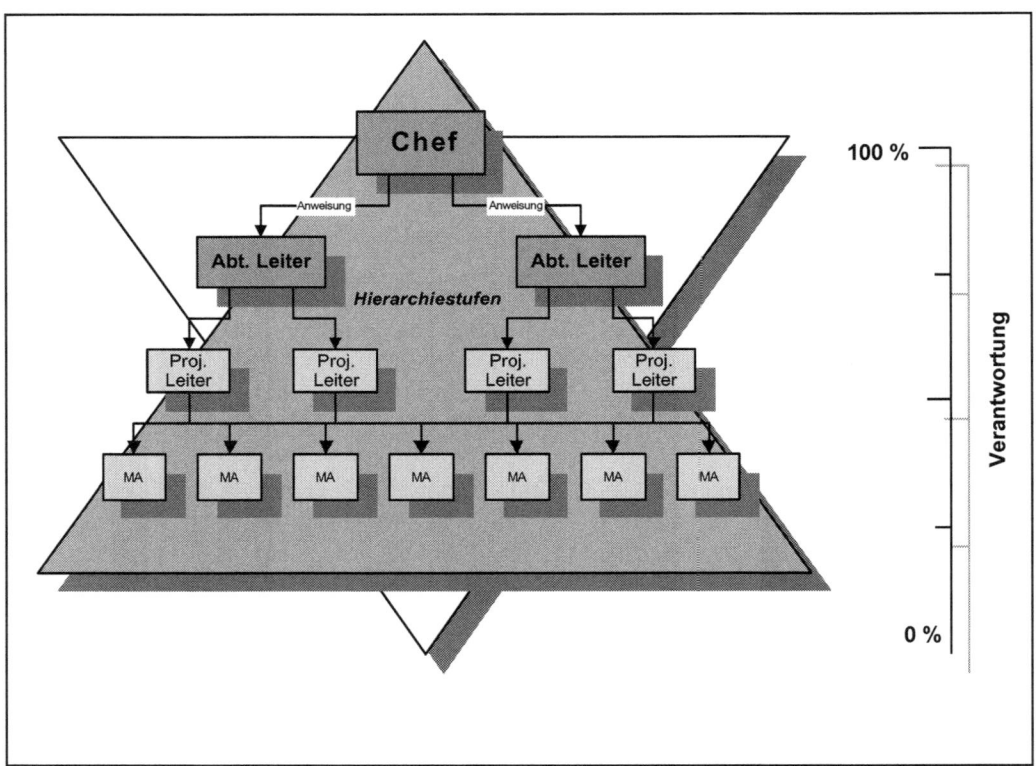

Abbildung 21: *Organigramm einer vertikalen Struktur; „Chef" = Geschäftsführung*

Man erkennt deutlich die verschiedenen Hierarchieebenen, die einander unter- bzw. übergeordnet sind. Die Verantwortung nimmt dabei von Hierarchiestufe zu Hierarchiestufe ab.

- **Aufgabenverteilung:** Analog zur personellen Strukturierung sieht die Verteilung der Aufgaben in vertikalen Strukturen üblicherweise so aus:

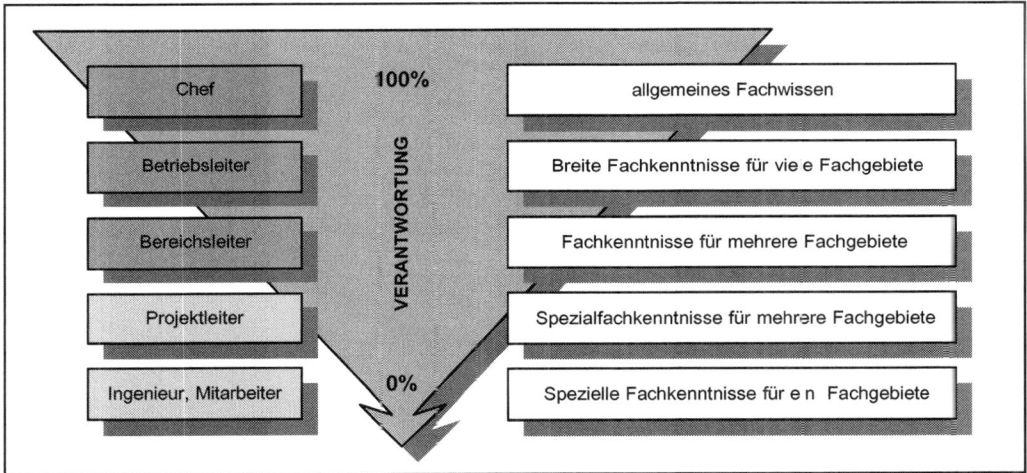

Abbildung 22: Aufgabenverteilung und Verantwortung in einem vertikal strukturierten Unternehmen

- **Problemlösung:** Vorgesetztentätigkeit bedeutet in vertikalen Strukturen auch Kommandieren, Kontrollieren, Korrigieren. Daraus ergibt sich, dass Probleme üblicherweise von **oben** nach **unten** gelöst werden.

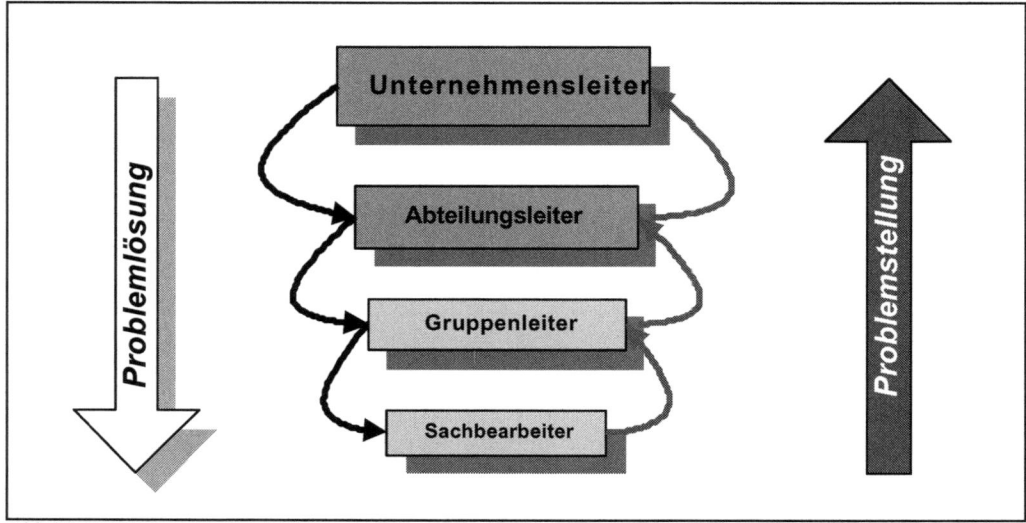

Abbildung 23: Problemlösung in vertikalen Strukturen

4.4   Horizontale Strukturen

4.4.1   Allgemein

Durch die wirtschaftliche und soziale Entwicklung in den letzten Jahrzehnten hat sich die Gesellschaft im mitteleuropäischen Raum stark verändert. Faktoren, die zu dieser Entwicklung geführt haben, sind vielfältig. Der steigende Wohlstand und die damit verbundene wachsende Unabhängigkeit der Menschen haben eine große Rolle gespielt. Ebenso entscheidend war die Einführung demokratisch orientierter Regierungssysteme, Arbeitergewerkschaften, etc. in Westeuropa nach dem Zweiten Weltkrieg, die den Prozess der Industrialisierung und der wirtschaftlichen Entwicklung erst ermöglicht haben.

Durch die wachsende Freiheit und Unabhängigkeit einer immer größeren Bevölkerungsschicht in materieller wie auch geistiger Hinsicht fand sozusagen eine gewisse „Individualisierung" des einzelnen statt. Was bedeutet das? Gute Schul- und Berufsausbildungsmöglichkeiten versetzen heute, im Unterschied zu früher, viele Menschen in die Lage, Wissen und Wohlstand zu erwerben. Die Einführung einer demokratischen Verfassung und die demokratisch orientierte Rechtssprechung lassen jeden einzelnen individuell handeln und entscheiden, Rechtswillkür eines Herrscherhauses nach Muster der Regierungsformen früherer Jahrhunderte, dem Absolutismus beispielsweise, gibt es nicht mehr.

Dies hat natürlich **Auswirkungen** auf die Gesellschaft im allgemeinen, aber auch Auswirkungen auf das persönliche wie berufliche Umfeld jedes Einzelnen. Wer gewohnt ist, im privaten Bereich selbst zu entscheiden und frei zu handeln, möchte dies nach Möglichkeit (die persönliche Veranlagung vorausgesetzt) auch beruflich tun.

Sowohl gesellschaftliche als auch wirtschaftliche bedingen daher ein „Sich Gedanken machen über Organisationsstrukturen" in Unternehmen, egal ob Produktions- oder Dienstleistungsbetrieb, denn das Hauptziel einer Unternehmung ist ja das Erzielen von Gewinnen. Weber, Taylor und viele andere haben diesen Punkt genügend oft betont und durch ihre Theorien über die passende Organisationsform zu optimieren versucht.

Tatsache ist, dass Strukturen, wie sie von Weber oder Taylor vorgeschlagen und ausgeführt wurden, in unserer heutigen Zeit aufgrund veränderter gesellschaftlicher und politischer Gegebenheiten nicht mehr unbedingt geeignet sind. Zumindest sind sie nicht mehr in der „Originalform" anwendbar.

Wie könnten nun Organisationsstrukturen aussehen, die den heutigen gesellschaftlichen und wirtschaftlichen Ansprüchen besser entsprechen?

4.4.2 Grundideen Horizontaler Strukturen

- **Die personelle Strukturierung:** Horizontale Strukturen können am besten anhand von folgendem Organigramm dargestellt werden:

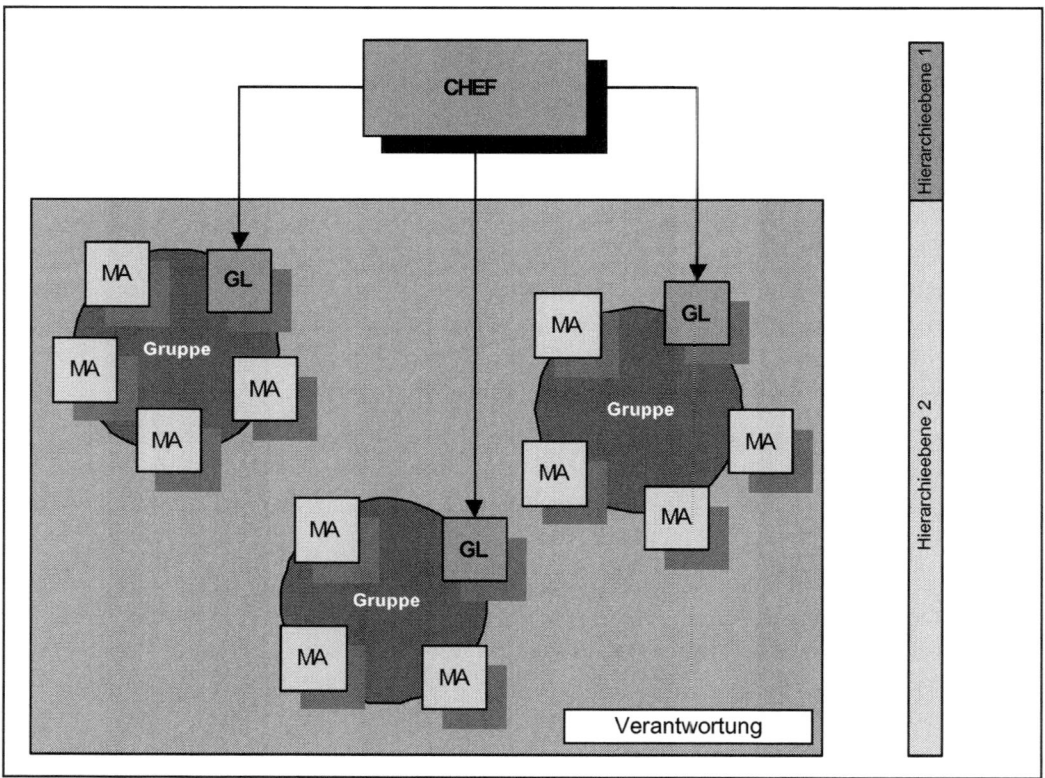

Abbildung 24: Beispiel einer Horizontalen Struktur; GL...Gruppenleiter, MA...Mitarbeiter

- **Wenige Hierarchieebenen:** Horizontale Strukturen sind gekennzeichnet durch ein Mindestmaß an Hierarchieebenen. Das bedeutet, dass auf Machtpositionen, starre Unter- und Überordnung von Bereichen (z.B. Abteilungen) nicht in dem Ausmaß Wert gelegt wird wie bei vertikalen Organisationsformen. Die Verantwortung wird dabei auf alle Ebenen in ungefähr gleichem Maß aufgeteilt.

- **Kooperative, teamorientierte Führung:** Wer heutzutage von Führung spricht meint zunehmend „kooperative Führung". Kooperative Führung steht in engem Zusammenhang mit Teamarbeit und Mitarbeiterorientierung. Oft wird dieser Führungsstil nicht ganz ernst genommen. Gerade in Krisenzeiten wird immer noch lieber zu vermeintlich „richtigen", d.h. autoritär gesetzten Maßnahmen gegriffen. Modelle in verschiedenen Firmen (z.B. Fa. Frisch & Faun Nürnberg, Fa. BMW, Landshut etc.) zeigen jedoch, dass bei kooperativer Führung und der Anwendung horizontal organisierter Unternehmensstrukturen deutliche Verbesserungen in wirtschaftlicher wie auch personeller Hinsicht erzielt werden können.

- **Beim kooperativen Führungsstil**

  - wird der Mitarbeiter wie ein Partner behandelt und kann bei Entscheidungsprozessen mitwirken.

  - beeinflusst ein „menschliches Verhalten" das Betriebsklima positiv

  - arbeiten die MA nicht nur auf Anweisung

  - ist eigenverantwortliches Arbeiten der MA gefragt

  - muss jeder MA Entscheidungen treffen

  - muss jeder MA die Vorgänge im Unternehmen kennen und verstehen

  - hat jeder MA Freiräume für Eigeninitiative

  - soll sich jeder MA mit dem Unternehmen persönlich identifizieren

- **Aufgabenverteilung:** Die Aufgabenverteilung in horizontalen Strukturen erfolgt nicht hierarchisch, sondern setzt in hohem Maß auf Eigenverantwortung und Eigeninitiative. Jeder Mitarbeiter ist für seine Arbeit selbst verantwortlich. Wie eine Aufgabe gelöst wird, soll den Mitarbeitern weitgehend selbst überlassen sein. Wichtig ist nur, dass die Aufgabe in Zusammenarbeit mit anderen Mitarbeitern erledigt wird (Team). Auf Einzelarbeit wird wenig Wert gelegt.

- **Problemlösung:** Probleme sollen in horizontalen Strukturen nach Möglichkeit gemeinsam, d.h. unter Miteinbeziehung jedes einzelnen Mitarbeiters, gelöst werden.

5 Gruppenarbeit

5.1 Kostenfaktor Führungskraft

5.1.1 Was bedeutet „Führen"?

In der Enzyklopädie der Betriebswirtschaftslehre: „Handwörterbuch der Planung" Stuttgart 1989, herausgegeben von Norbert Szyperski wird „führen" folgendermaßen definiert: „Führen bedeutet persönliche Einflußnahme auf das Verhalten anderer zur Realisierung bestimmter Ziele. Führung besteht zunächst aus den Elementarfunktionen der Zielbildung und Zielerreichung mit Hilfe von Menschen. Das heißt, Führen ist ein **Prozess der Einwirkung** auf andere Menschen, indem ihnen ein Ziel gesteckt oder mit ihnen vereinbart wird, um sie daraufhin in Bewegung auf das Ziel zu halten".

Einflussfaktoren auf die Führung

Wie wird nun Führung beeinflusst, welche Aufgaben, Probleme stellen sich Führungskräften?

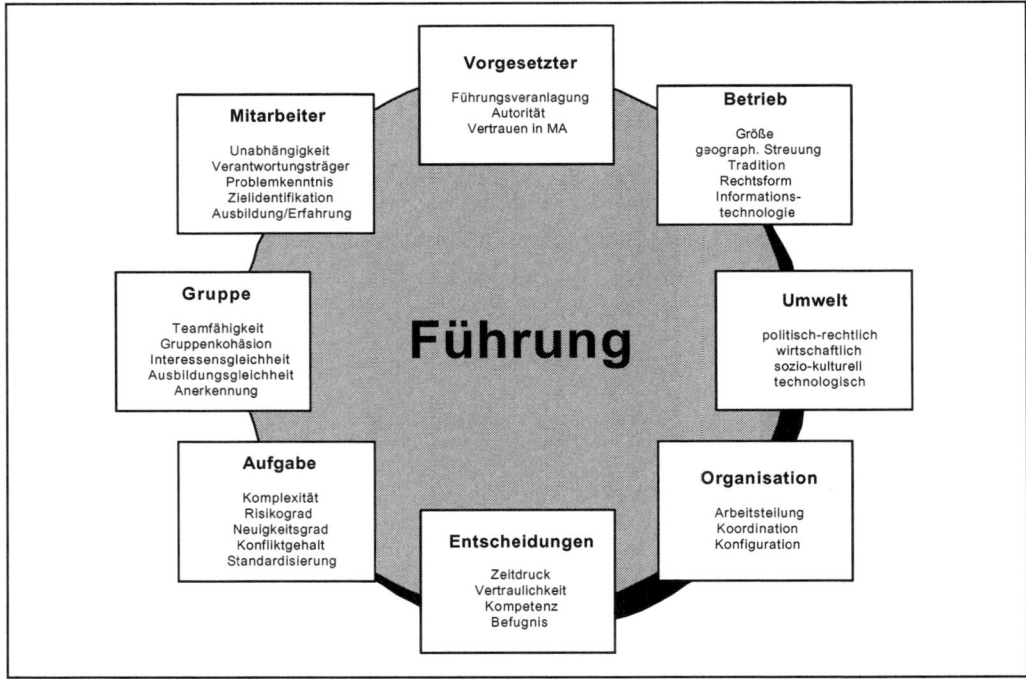

Abbildung 25:Einflussfaktoren auf Führungskräfte

Die Wahl des Führungsstils

Wie sollte sich ein Vorgesetzter, eine Führungskraft verhalten?

Die Art des Führungsstils ist, wie alle Dinge des täglichen Lebens auch, Ausdruck des Geistes, der eine Zeit, eine Epoche prägt. Dieser Geist war bei der Entwicklung wirtschaftlicher Unternehmen beispielsweise in der Gründerzeit ein völlig anderer als in der Zeit der Hochkonjunktur in den 60er Jahren. In unserer Epoche, im Informations- und Bewusstseinszeitalter, muss man sich Gedanken machen, welches Bewusstsein sich prägend auf den heutigen Führungsstil auswirkt.

5.1.2   Verschiedene Arten von Führungsstilen

Es gibt viele Arten von Führungsstilen. Hier sollen drei Arten herausgegriffen werden, um Unterschiede deutlich zu machen.

	Autoritär (Pionierstil)	Direktiv (Patriarchalstil)	Integrativ (Kollegialstil)
Arbeitsweise	isoliert	nebeneinander	miteinander
Aufgabe	Arbeitserledigung	Erreichen vorgegebener Ziele	Erreichen von Bedarfszielen
Verantwortung	isoliert	differenziert	jeder trägt Verantwortung
Vorgesetzter	Antreiber	Aufpasser	Berater
Leistung	Arbeitsanweisung, Arbeitsvergabe, Kontrolle	Aufgabenzuweisung, Planzielvorgabe, Aufsicht	Vorgabe, Selbstverantwortung
Organisation	Zentralorganisation, vertikale Organisation	Aufbauorganisation	horizontale Organisation, Integration
Kommunikation	selektiv	selektiv	horizontal, keine Geheimnisse
Motivation	Befehle und Vorschriften	Anweisungen gemäß Verteiler	Heranziehen zum Mitdenken

Abbildung 26: Arten von Führungsstilen (Quelle: Gerd Ammelburg: „Organismus Unternehmen", Düsseldorf 1993)

Der Integrative (kollegiale) Führungsstil kontra Autoritär- und Patriarchalstil

Gerd Ammelburg definiert den Führungsstil der heutigen Zeit in seinem Buch „Organismus Unternehmen" (1993) folgendermaßen:

„Die Führungspersönlichkeit im zukünftigen Organismus Unternehmen hat nicht mehr die Aufgabe, [...] Anweisungen zur Ausführung zu geben, sondern durch Coaching den anvertrauten Mitarbeitern den Sinnzusammenhang ihrer Tätigkeit Bewusstzumachen und die Synergieeffekte zu fördern - mit Vorleben durch eigenes Engagement."

Nach Dale Carnegie („Wie man Freunde gewinnt", Gütersloh 1994, Bertelsmann-Club) kommt dem **Beziehungsaspekt** bei der Führung eine außergewöhnliche Rolle zu: „Das zwischenmenschliche Verhalten, die Förderung positiver zwischenmenschlicher Beziehungen, der Aufbau und die Stärkung von Beziehungen zu den Menschen ist von ganz besonderer Bedeutung für ein gutes Zusammenleben und eine erfolgreiche Zusammenarbeit".

Voraussetzung für den Aufbau solch positiver menschlicher Beziehungen ist ein hohes Maß an Sensibilität. Menschen, die Verhaltensweisen von Mitarbeitern erkennen, analysieren und beurteilen können, sind besser in der Lage, auf andere günstig einzuwirken.

5.1.3   Wie sieht die Praxis aus?

Die Praxis zeichnet leider oft ein anderes Bild. Führungskräfte werden vielfach diejenigen, die durch Redegewandtheit und Durchsetzungsvermögen auffallen und dadurch einen guten Eindruck erwecken. Selbstsicheres Auftreten in Verbindung mit rhetorischen Fähigkeiten suggerieren oft fachliche Kompetenz.

Es ist jedoch „erwiesen", dass keinerlei Zusammenhang besteht zwischen selbstsicherem Auftreten, Redegewandtheit, Durchsetzungsvermögen und wirklichem Fachwissen oder gar Führungsqualitäten. Sogenannte Führungsstärken wie Redegewandtheit, Durchsetzungs-vermögen, Ellenbogentechnik, können sich oft im nachhinein als Führungsschwächen herausstellen, weil einzelne mehr mit Selbstpräsentation und Machtdemonstration als mit konstruktiver Arbeit beschäftigt sind.

Hier einige typische Führungsschwächen

Autoritäres Auftreten	Wutanfälle
	Anschreien von Mitarbeitern
	Bloßstellen von einzelnen Mitarbeitern vor versammelter Mannschaft
Bewußte Einschüchterungsmanöver	Drohungen
	Anschuldigungen
Mobbing	um sich an der Spitze zu halten
Intrigen	um das Betriebsklima zu verschlechtern und dadurch den eigenen
	Stand zu verbessern
Desinformation	um Mitarbeiter zu verunsichern und abhängig zu machen

Abbildung 27: Führungsschwächen

In vielen Führungsetagen findet man autoritäre Elemente, Anspruchsdenken und Beamtenmentalität. Man legt mehr Wert auf **Statussymbole** (Dienstauto, Büroausstattung, Reisen, ...), **Macht** und **Privilegien** als auf wirklich wertschöpfende Tätigkeiten. Viel Zeit wird damit verbracht, die eigene Position gegen Anfeindungen abzusichern, Unmengen von Aktennotizen sind notwendig, um Schuldzuweisungen und Vorwürfe zu entschärfen.

Führungskräfte, die ihr Unternehmen nach **integrativem Führungsmuster** gestalten, sollten auf Karrierestreben und die damit verbundenen Verhaltensweisen wie Neid und Eifersucht auf den Kollegen, ständiges „Sich-in-den-Vordergrund-Spielen", verzichten können.

Durch integrativen Führungsstil könnte viel Zeit übrigbleiben

Zeit, die für wirklich wertschöpfende, sinnvolle und konstruktive Tätigkeiten

verwendet werden kann

5.1.4 Merkmale des Integrativen Führungsstils

- **Die Führungskraft soll „Vorbild" sein:** Die Führungskraft soll Vorbild in fachlicher wie auch persönlicher Hinsicht sein. Wenn der Vorgesetzte keine Vorbildfunktion übernimmt, an wem sollten sich die Mitarbeiter sonst orientieren? Zur Vorbildfunktion gehört auch Dinge zu tun, die eine Führungskraft nicht tun müsste, wie zum Beispiel die Abfallbehälter ausleeren, am Computer selbst einen Plan ändern, die Ausübung von „seiner Stellung als Vorgesetzter" nicht angemessenen Tätigkeiten. Dadurch zeigt die Führungskraft, dass er um die Probleme und Sorgen der Mitarbeiter weiß.

- Die Führungskraft soll „innovativ und visionär" sein und die Mitarbeiter begeistern können.

- **Die Führungskraft soll fachlich qualifiziert sein:** Fachliches Wissen ist unerlässlich für eine Führungskraft. Eine Führungskraft sollte über genügend Wissen und Erfahrung verfügen, um in der Lage zu sein, fachliche Probleme zu lösen.

- **Die Führungskraft soll gerecht sein:** Alle Mitarbeiter sollen „gleich" behandelt werden. Bevorzugung oder Benachteiligung einzelner wirken sich negativ auf das Betriebsklima aus.

- **Die Führungskraft soll für seine Mitarbeiter eintreten:** Und zwar intern und extern. Einem Chef, der hinter den Mitarbeitern steht und sich für sie einsetzt, hält man lieber die Stange.

- **Kritik**: Negative Kritik sollte nur gegenüber der Arbeitsgruppe, d.h. mehreren Mitarbeitern oder in Einzelgesprächen geübt werden. Wird ein einzelner vor einer ganzen Gruppe bloßgestellt, erfüllt dies meist nicht den beabsichtigten Zweck. Das Gegenteil wird erreicht, Demütigungen und Bloßstellungen „rächt" der Mitarbeiter auf seine Weise.

- Die Führungskraft soll aufgeschlossen sein für betriebliche und persönliche Probleme der Mitarbeiter.

- Die Führungskraft soll kontaktbereit sein und zugänglich für Vorschläge und Anregungen von seiten seiner Mitarbeiter.

- Die Führungskraft soll zuverlässig, verantwortungsbewusst und selbstbeherrscht sein. Die Selbstbeherrschung verlieren, Wutausbrüche bei Besprechungen, das Anschreien von Mitarbeitern etc. hat nichts mit Führungsqualitäten zu tun. Meistens schadet es dem Ansehen der jw. Führungskraft mehr als es nützt. Das Betriebsklima verschlechtert sich meistens, da die Mitarbeiter verunsichert werden, Angst haben, oder trotzig Dienst nach Vorschrift machen.

- Die Führungskraft soll sich für den MA interessieren: Der Name ist etwas sehr wichtiges, er hebt den einzelnen aus der Masse hervor. Jeder Mensch fühlt sich persönlich angesprochen, wenn man ihn bei seinem Namen nennt. Ebenso fühlt sich jeder angenommen, wenn man sich für seine Person und seine Probleme interessiert.

- Die Führungskraft soll die Ansichten des anderen respektieren: Jeder Mensch hat eine andere Meinung, niemand kann bewerten, ob etwas „richtig" oder „falsch" ist. Man sollte versuchen, die Dinge vom Standpunkt des anderen zu sehen.

Funktionen des Führungsverhaltens beim integrativen Führungsstil

aufgabenorientiert	personenorientiert
- die richtige „Entscheidung" treffen	<u>Mitarbeiterorientierung</u>: - Zufriedenheit des MA - den MA Selbstbestätigung, Selbsterfahrung, Selbstsicherheit erfahren lassen
- jede Aufgabe mit der „richtigen" Person betrauen	- Motivation des MA - Ansporn zu eigenständigem Denken und Handeln
- die gestellte Aufgabe einschätzen und organisieren	- eigenverantwortliches Erfassen und Lösen der an den MA gestellten Aufgabe - Gruppenarbeit: Aktionsfähigkeit der Gruppe erhalten und erweitern
	<u>Vertrauen gewinnen durch</u>: - Vorbild an Einsatz und Überzeugung Eine Führungskraft ist erst dann Vorbild, wenn sie die Arbeit des untersten Mitglieds des Betriebes versteht. Verständnis für die Arbeit ist also wichtig. - Achtung der MA als Menschen - Echtheit des Führungsverhaltens

5.2 Kostenfaktor Mitarbeiter

5.2.1 Allgemein

Vielfach wird ein Unternehmen immer nach seinem materiellen Wert beurteilt. Beispielsweise werden Sachwerten, Finanzbeteiligungen, Immobilienbesitz oder Lagervorräten eine große Bedeutung beigemessen. Seit einiger Zeit gewinnt jedoch das intellektuelle Kapital, das heißt das Wissen der Mitarbeiter, immer mehr an Bedeutung.

Der Mitarbeiter steht im Mittelpunkt des Unternehmens

Natürlich ist jedes Unternehmen bestrebt, die besten Mitarbeiter einzustellen und zu halten. Die Bereitstellung eines Arbeitsplatzes allein genügt jedoch vielen Mitarbeitern in der heutigen Zeit nicht mehr. Mitarbeiter wollen mehr als nur „Arbeiten zum Broterwerb".

Von dieser Warte aus betrachtet umfasst das firmenspezifische Wissen also nicht nur die Kenntnisse und Fähigkeiten der einzelnen Mitarbeiter, sondern auch die betriebliche Infrastruktur, die Kundenbeziehung, die Mitarbeitermotivation, die es erst ermöglichen, den Produktionsfaktor „Wissen" zu vermehren.

Einzig und allein **zufriedene Mitarbeiter** sorgen für **zufriedene Kunden** (Bauherrn) und gute Arbeitsergebnisse. Die Kernkompetenz und die Innovationskraft steckt in den Mitarbeitern selbst.

Deshalb muss ein Umdenken im Unternehmen erfolgen: Mitarbeiter sind **keine Kostenträger**, im Sinne von lästigen Kostenverursachern, sondern **Leistungsträger** und damit Voraussetzung, dass überhaupt ein Firmenerfolg erzielt werden kann.

Mitarbeiter stellen ein großes Potential dar, das zu nutzen gelernt sein muss. Um ein Unternehmen langfristig überlebensfähig zu gestalten, muss die Personalpolitik auf höchster Ebene angesiedelt werden. Nicht die Personalabteilung muss zuständig sein für die Personalentwicklung, die Führungskräfte müssen sich um die Personalentwicklung persönlich kümmern.

5.2.2 Einflussfaktoren auf die Mitarbeiterzufriedenheit

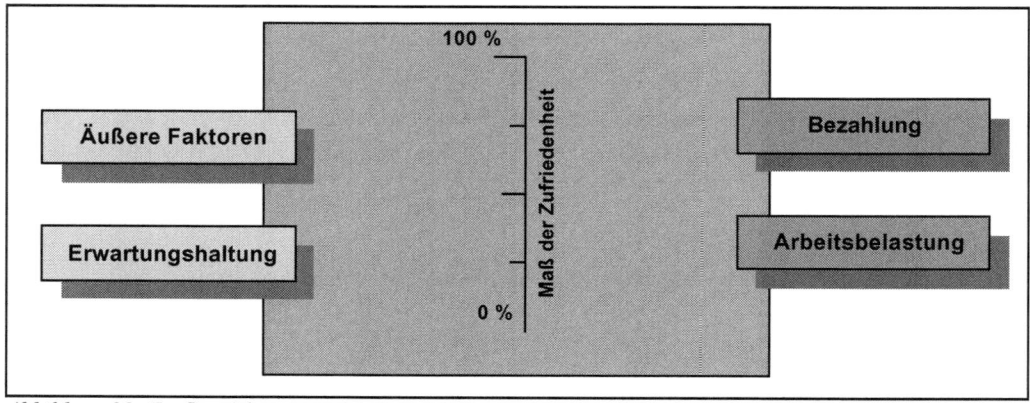

Abbildung 28: Einflussfaktoren auf die Mitarbeiterzufriedenheit

Faktor 1: Äußere Einflussfaktoren

- Folgende Faktoren können Einfluss haben auf den/die Mitarbeiter und deren Leistung:

- **Wirtschaftliche und gesellschaftliche Situation:** Situation, in der sich die Arbeitsgruppe der Mitarbeiter im Unternehmen befindet, bezogen auf die Gesamtstruktur des Unternehmens. Steht die Arbeitsgruppe unter Leistungsdruck? Sind Entlassungen aufgrund angespannter wirtschaftlicher Situation zu erwarten? etc.

- **Generationenkonflikt:** Das Alter, der Altersunterschied der Mitarbeiter spielt eine gewisse Rolle.

- **Lage am Arbeitsmarkt:** Wie ist die Lage am Arbeitsmarkt, gibt es ein Über- oder Unterangebot an Arbeitsplätzen?

- **Zeit/Zeitgeist:** Auch der Zeitgeist beeinflusst die Mitarbeiter. (Materieller Wohlstand, Demokratisierung. Wie denken die Menschen? Welche geistigen Strömungen beeinflussen das Zeitgeschehen? etc.)

Faktor 2: Erwartungshaltung

Was erwartet sich der MA von seiner Arbeitsstelle?

- **Personalerhaltung**: Das Streben nach Sicherheit und finanzieller Unabhängigkeit hat meistens Priorität in der Liste der Erwartungen. Mitarbeiter erwarten sich einen sicheren Arbeitsplatz, d.h. eine sichere Einkommensquelle, um den Lebensunterhalt bestreiten zu können.

- **Personalentwicklung/Leistungsentfaltung:** Mit dem Streben nach „Sicherheit" geht auch ein „Streben nach sozialer Anerkennung" einher. Förderung und Weiterbildung bedeutet sozialen Aufstieg. Jeder Mitarbeiter sollte daher die Möglichkeit haben, sich in seiner Arbeit zu üben, Erfahrungen zu sammeln, sich zu entfalten und seine Ideen in die Gesamtheit des Unternehmens einbringen. Die Kreativität des Mitarbeiters ist eine in unseren Unternehmen bis jetzt wenig genutzte Kraft. Sie wird oft durch enge bürointerne Strukturen im Keim erstickt.

- **Anerkennung/ feed back:** Jeder Mitarbeiter erwartet Lob, Anerkennung und ein gewisses „feed back" seiner Arbeit.

- **Gerechte Arbeitsverteilung:** Mitarbeiter wollen die Arbeit „gerecht" , d.h. einkommens- und leistungsbezogen verteilt wissen

- **Berechenbarkeit:** Jede Führungskraft sollte „berechenbar" sein. Führungskräfte müssen eine klare Linie vorgeben, an der sich Mitarbeiter orientieren können. Undurchschaubare, launische Vorgesetzte übertragen ihr Verhalten auf die Mitarbeiter.

- **Direkte Beziehung zum „Abnehmer" (Bauherrn, Auftraggeber):** Die Frage „Wer ist mein Auftraggeber bzw. für wen mache ich meine Arbeit überhaupt?", muss geklärt sein. Der direkte Kontakt des Mitarbeiters mit dem Auftraggeber erleichtert die Frage der Zielsetzung, die Arbeit wird leichter verständlich.

- **Weiterbildung:** Engagierte Mitarbeiter erwarten, dass sie sich auf Ihrem Gebiet weiterbilden können.

- **Freie Einteilung der Arbeit, Übernehmen von Verantwortung:** Die Freiheit, anfallende Arbeit frei einteilen zu können, wird von den meisten Mitarbeitern positiv bewertet. Auch das Tragen von Verantwortung für das selbst Geleistete wird überwiegend gut angenommen.

Faktor 3: Bezahlung der Mitarbeiter

Man glaubt oft, dass besser bezahlte Mitarbeiter mehr und lieber arbeiten. Das stimmt kurzfristig sicherlich. Wer jedoch nur für Geld arbeitet, wird dauerhaft nicht motiviert sein. Irgendwann wird er merken, dass irgendetwas fehlt, nämlich die **Freude** an der Arbeit.

Die beste Bezahlung hilft nichts, wenn der Mitarbeiter wenig oder gar nicht motiviert wird. Begeisterung für die Arbeit schafft Freude an der Arbeit. Begeisterte Mitarbeiter sind für das Unternehmen mehr wert als hochbezahlte.

Faktor 4: Arbeitsbelastung

Grundsätzlich sollte jede Arbeit **ausgeglichen** sein, d.h. es sollte eine Balance zwischen Leistungsfähigkeit und Belastbarkeit des Mitarbeiters herrschen. Ist die Balance einseitig, fühlt sich der Mitarbeiter unter- oder überfordert. Dauert dieses Ungleichgewicht länger an, führt es automatisch zu Unzufriedenheit und Demotivation.

Alle genannten Faktoren wirken sich auf die „Zufriedenheit" des Mitarbeiters aus.

Eine Möglichkeit, Mitarbeiter heutzutage „zufriedener zu machen", besteht in der Einführung **horizontaler Organisationsstrukturen** als Organisationsform eines Unternehmens und der Bewältigung der Arbeit in Form von **Gruppen- oder Teamarbeit.**

5.3 Die Gruppenarbeit

5.3.1 Warum Gruppenarbeit? Die Leistungsvorteile der Gruppe

Wir sitzen alle in einem Boot

Diese bekannte Redensart demonstriert nicht nur, dass es für den einzelnen sinnlos wäre, das Boot zu verlassen, weil er ertrinken würde, sondern auch, dass nur die gemeinsame Kraftanstrengung, das Rudern, vor einem eventuellen Untergang bewahren kann.

Gruppenarbeit gegen Reibungsverluste, für mehr Effizienz

Die Erkenntnis der gemeinsamen Existenzerhaltung gibt die beste Handhabe gegen immer wieder auftretende Gegnerschaften, Streitigkeiten, Neideffekte, Angebereien, Minderwertigkeitskomplexe, Überheblichkeiten, Arroganz, Unterdrückung und viele andere derartige Verhaltensweisen. Diese „Verhaltensweisen" wirken nämlich meist kontraproduktiv, d.h. sie erzeugen Reibungsverluste, die in vielen Fällen erheblich sind. Mit dem gleichen Energieaufwand könnte oft viel Positives und Produktives bewirkt und die Effizienz der täglichen Arbeit gesteigert werden.

In der Gruppenarbeit werden derartige Erscheinungen besser bewältigt, da Probleme sowohl geschäftlicher als auch personeller Art durch gemeinsame Arbeitserledigung offensichtlicher zutagetreten.

Förderung der Kreativität kontra Langeweile und Eintönigkeit

Arbeit soll „Spaß" machen

„Kreativität" leitet sich vom lateinischen Wort **„creator"** ab, was soviel bedeutet wie Schöpfer. Kreativität hat also etwas mit **„schöpfen"** zu tun, eine Sache erfinden, beginnen, anfangen.

Die Möglichkeiten der Gruppen- und Teamarbeit, auch im Fließbandbereich, wird heute von einigen Unternehmen bereits erfolgreich genutzt. Nicht nur, weil es von „oben" befohlen oder von Beratern empfohlen wird, sondern weil es die Mitarbeiter von Gruppen selbst wollen und sogar initiieren, um **kreativ Neues** zu erarbeiten. Sich die Arbeit auch am Fließband **abwechslungsreicher** und damit **interessanter** zu gestalten ist eine Auswirkung des immer mehr zunehmenden Persönlichkeitsbewusstseins und des individuellen Bedürfnisses zur Selbstentfaltung jedes einzelnen Menschen.

> *Wer „Spaß bei der Arbeit" hat*
>
> *geht „lieber zur Arbeit"*
>
> - *ist kreativer*
> - *ist ausgeglichener*
> - *gibt mehr gespeicherte Energien frei*
> - *ist freundlicher*
> - *spornt andere zur Mitarbeit an*
> - *ist „motiviert"*

5.3.2 Was ist Gruppenarbeit?

Im Gegensatz zur hierarchischen Organisationsform, bei der die Untergebenen auf Anordnung der nächsthöheren Stelle arbeiten, ist bei horizontalen Organisationsformen jeder einzelne Mitarbeiter sowohl Entscheidungs- als auch Verantwortungsträger seiner Arbeit.

Was Gruppenarbeit nicht ist

Team- oder Gruppenarbeit wird bei uns häufig folgendermaßen verstanden: Eine Gruppe, das Team, erhält eine Aufgabe, diese wird auf die Teammitglieder verteilt, jedes Teammitglied arbeitet seinen Teil ab, zum Schluss werden die Einzelergebnisse zum Gesamtergebnis zusammengefügt.

Eine richtige Zusammenarbeit zwischen den einzelnen Mitarbeitern entsteht nicht.

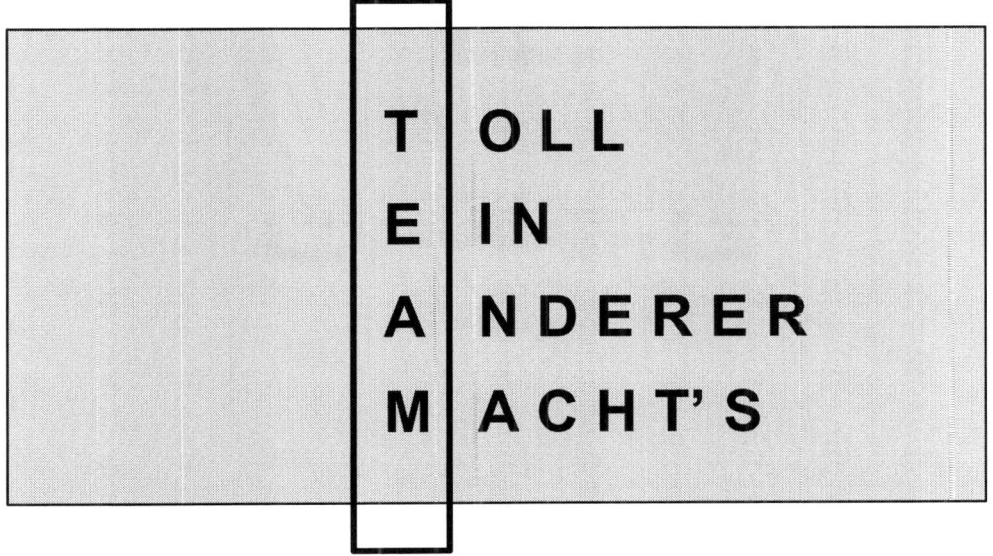

Zusammenarbeit wird häufig durch Konkurrenzdenken und intrigantes Verhalten der Mitarbeiter unmöglich gemacht. Keiner will sich „über die Schulter schauen lassen".

Die Gründe hierfür sind vielfältig: Angst, Unsicherheit, mangelndes Wissen und Können, persönliche Antipathien gegen gewisse Mitarbeiter, Streitereien, schlechtes Betriebsklima um nur einige zu nennen.

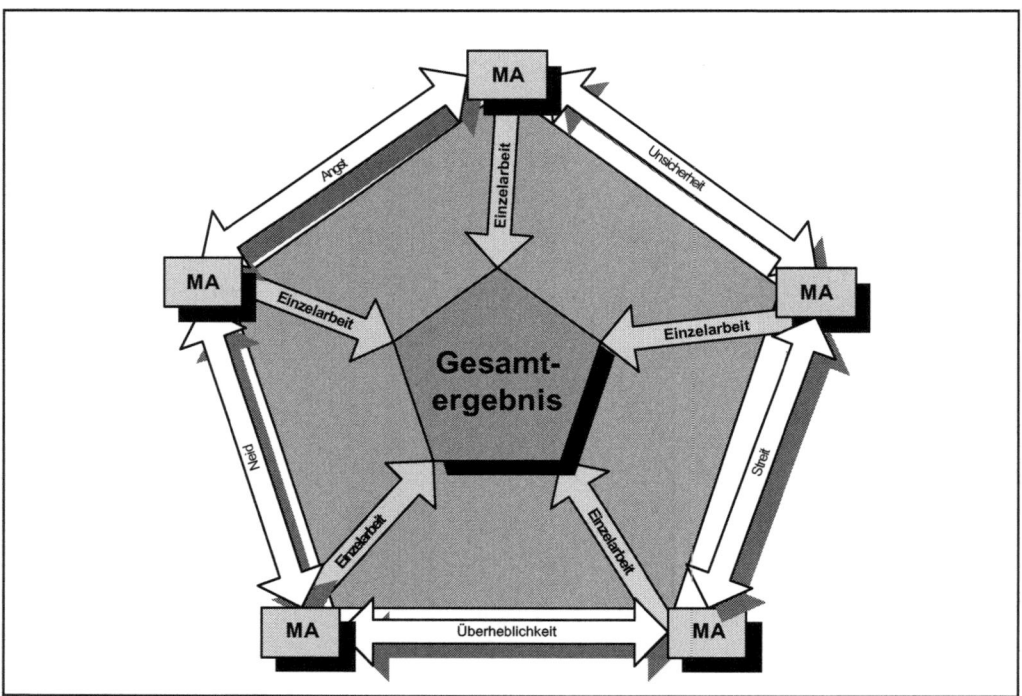

Abbildung 29: Was Gruppenarbeit nicht ist"

Was Gruppenarbeit sein sollte

Japanische Unternehmensstrukturen lehren uns eine ganz andere Auffassung der Teamarbeit:

Eine Arbeit wird im Team derart bewältigt, dass zwar auch zuerst jeder seinen Einzelbeitrag leistet, dann aber miteinander daran gearbeitet wird, das Gesamtergebnis gemeinsam zu verbessern. Jeder Mitarbeiter versucht dem anderen zu helfen.

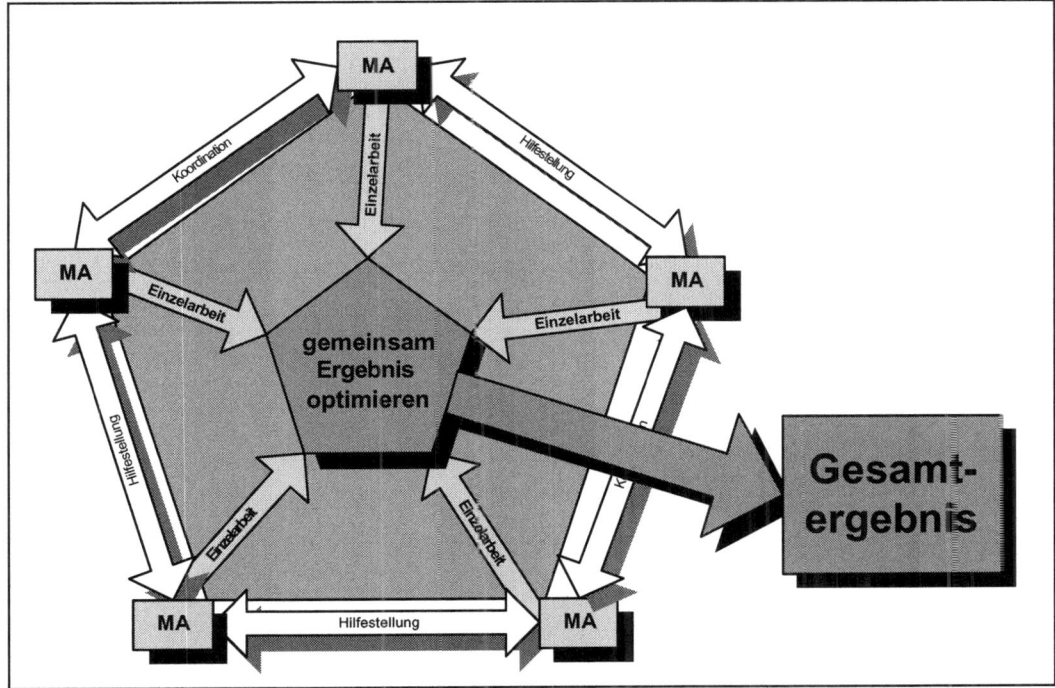

Abbildung 30: „Was Gruppenarbeit sein sollte"

Der Teamgeist basiert nicht auf Konkurrenzdenken

sondern auf der Idee, gemeinsam

das gesteckte Ziel zu erreichen

Wer ist die Gruppe?

Team wird meistens als feste Gruppe mit fest zugeteilten Mitgliedern verstanden, die konstant in derselben Besetzung miteinander arbeiten.

Um Gruppenarbeit jedoch effizient zu gestalten, sollte sich die Gruppe immer wieder mit anderen Mitarbeitern neu formieren.

Das heißt: *- jede Gruppe wechselt ihre Mitglieder (z.B. nach Projektabschluss)*

- jede Gruppe ändert permanent (projektabhängig) ihre Größe

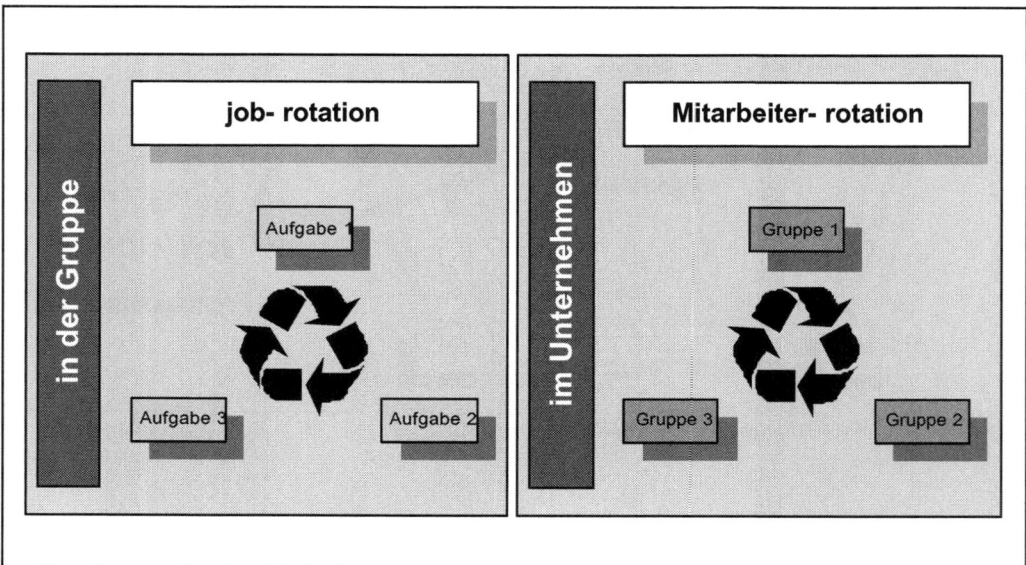

Abbildung 31: Gruppenarbeit

Warum ständiger Wechsel?

- Arbeit interessant und vielseitig gestalten: Wenn die Arbeitseinteilung im Unternehmen flexibel ist, hat jeder MA die Möglichkeit, immer wieder andere Bereiche kennenzulernen. Durch ständiges Wechseln der Aufgabenbereiche gestaltet sich die Arbeit des einzelnen erheblich vielseitiger, was natürlich viel zu seiner Motivation beitragen kann.

Durch das System des permanenten Wechsels...

- .... können harte Abteilungsgrenzen aufgeweicht werden, da es Abteilungen im „klassischen" Sinn nicht gibt. Informationsaustausch und Kommunikation ist in einem Klima der gegenseitigen Abschottung schwer bis gar nicht möglich. Ändert sich das System jedoch ständig, ist es automatisch flexibler.

- .... gibt es weniger Kompetenzverteilungen. Eine Arbeit soll nicht nur von einer bestimmten Person gemacht werden können. Besser ist es, wenn mehrere Mitarbeiter auf demselben Gebiet einsetzbar sind. (Bsp.: Ausschreibung, Computerangelegenheiten, Computerwartung etc.) Strikte Kompetenzverteilung hat den Nachteil, dass es beim Ausfallen der bestimmten Person (Krankheit, Urlaub, Ausscheiden aus dem Unternehmen) zu Verzögerungen und Engpässen im Arbeitsablauf kommen kann. Kein anderer kennt sich auf dem Gebiet aus, der jeweilige Mitarbeiter schafft sich eine gewisse Vormachtstellung, die er jederzeit kontraproduktiv ausnützen kann. Das trägt nicht unbedingt zu einem positiven Betriebsklima bei, da interne Machtkämpfe leichter über diese Schiene ausgetragen werden können.

5.3.3 Die wichtigsten Kennzeichen von Gruppenarbeit

- **Rücksichtnahme:** Rücksichtnahme ist sehr wichtig bei produktiver Gruppenarbeit. Jedes Mitglied der Gruppe muss gleichermaßen zum Zuge kommen, keiner sollte benachteiligt, keiner bevorzugt werden.

- **Kollektives Entwicklungsziel** sollte vor dem individuellen Entwicklungsziel stehen. **Gruppenerfolg** und nicht Einzelerfolg in Form von Selbstverwirklichung des Individuums muss vorrangiges Ziel sein. Erfolg des einzelnen ist nicht immer gleichbedeutend mit Firmenerfolg. Oft stehen individuelle Interessen im Vordergrund wie zum Beispiel persönliche Machtausübung, absolute Befehlsgewalt, Weisungsbefugnisse, Selbstdarstellung zum Zwecke der Anerkennung.

- **Begriff „Konkurrenz" neu sehen:** Mit Konkurrenz zwischen Gruppen kann im Unternehmen besser umgegangen, d.h. besser gesteuert werden, als mit Konkurrenz zwischen Individuen. Konkurrenz zwischen Gruppen tritt in der Regel offener zutage. Jedes „offen ausgesprochene" Problem ist leichter lösbar. Zudem kann Konkurrenz zwischen Gruppen auch fruchtbar für beide Seiten sein, da sich jede Seite bemüht, besser zu sein als die andere und sich entsprechend anstrengt.

- **Generalisten/job-rotation:** Generalisten können im Gegensatz zu Fachspezialisten vielseitiger eingesetzt werden.

Besteht eine Gruppe aus Generalisten, kann jeder die Stelle des anderen einnehmen, ohne sich vorher viel Fachwissen aneignen zu müssen. Das hat den Vorteil, dass der einzelne nicht auf einen speziellen für ihn zugeschnittenen Arbeitsplatz angewiesen ist. So kann ein Unternehmen rasch auf wirtschaftliche Veränderungen reagieren, ohne Leute entlassen und neue Mitarbeiter einstellen zu müssen. (job-rotation)

- **Unterordnung:** Das Ziel einer Gruppe stellt das Arbeitsergebnis dar, das es gemeinsam zu erreichen gilt. Die eigenen Ansprüche und Bedürfnisse müssen zurückgestellt werden. Ellenbogentechnik ist in Gruppen nicht gefragt und wirkt eher behindernd als nutzbringend.

- **Permanentes Lernen:** Um im heutigen Arbeitsleben bestehen zu können, muss man sich ständig weiterbilden. Dinge verändern sich derart rasant (man denke nur an die laufenden Entwicklungen in der Computerbranche), man muss sich rasch anpassen.

- Für das Unternehmen stellen **Kurse, Seminare und Weiterbildungsveranstaltungen** eine zeitliche und finanzielle Belastung dar. Dennoch müssen Mitarbeiter geschult und in neue Arbeitsbereiche eingearbeitet werden. Permanentes Lernen durch „Selbsthilfe", Eigen- und Gruppeninitiative: „Learning by doing" (forciert durch „job-rotation") erspart langwierige Kurse, Mitarbeiter können oft viel besser von Mitarbeitern eingeschult werden. Auch wird dadurch die Eigeninitiative des einzelnen erheblich gefördert und durch Erfolgserlebnisse belohnt, was sich wiederum günstig auf die Motivation auswirken kann.

- **Offenheit, Kommunikation:** Wichtigstes Kennzeichen der Gruppenarbeit ist Offenheit und Kommunikation. Mitarbeiter müssen zu Kommunikation und Offenheit bewegt werden, nur so kann Gruppenarbeit effizient und produktiv sein.

Nahtstellenprinzip statt Schnittstellenprinzip:

- **Schnittstellenprinzip** bedeutet Einzelarbeit: Die Arbeit wird bis zu „Schnittstelle" ausgeführt, dann weitergegeben. Rückkoppelung über das Ergebnis ist nicht vorgesehen.

- **Nahtstellenprinzip** bedeutet Zusammenarbeit. Es soll das Gefühl vermittelt werden, dass die Arbeit „Sinn" macht. Bei jeder Übergabe der Arbeit an der Nahtstelle erhält der Mitarbeiter von seinem Kollegen die Information, ob die Arbeit gut oder schlecht war. Dadurch erhält der einzelne eine gewisse Autonomie. Diese Autonomie verleiht dem System Flexibilität.

5.3.4 Einführung der Gruppenarbeit in ein Unternehmen

Die Einführung von Gruppenarbeit in einem Unternehmen ist genauso sorgfältig vorzubereiten, wie zum Beispiel eine Investition oder andere Restrukturierungsmaßnahmen. Ausschlaggebend für den Erfolg ist nicht nur das maßgeschneiderte Konzept, es ist die Fähigkeit, den sozialen Prozess zu managen.

Drei Punkte, die es bei der Einführung von Gruppenarbeit zu beachten gilt

Gruppenarbeit ist „Chefsache": Das Projekt Gruppenarbeit muss von oben gewollt und unterstützt werden.

Zeitfaktor: Gruppenarbeit braucht Zeit.

Keine Patentrezepte: Das erforderliche „know-how" muss im Unternehmen selbst langsam aufgebaut werden, da es für die Einführung von Gruppenarbeit kein Patentrezept gibt. Es gilt, die Mitarbeiter in Richtung neuer Arbeitsmethoden zu sensibilisieren.

Gruppenarbeit benötigt

kontinuierliche Entwicklungsimpulse

und

stetiges Lernen

Wie führt man „Gruppenarbeit" ein?

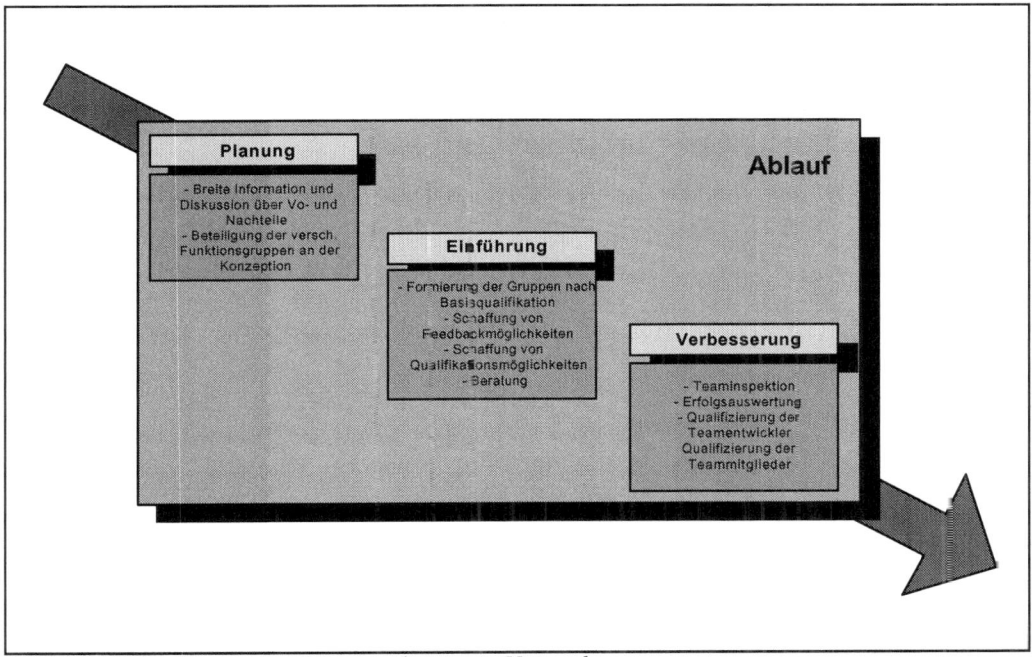

Abbildung 32:Einführung der Gruppenarbeit in ein Unternehmen

Problematik und Schwierigkeiten bei Gruppenarbeiten

- **Problem Führungskraft:** Führungskräfte müssen ihr Verhalten ändern. Da die Führungskraft nur in begrenztem Ausmaß direkt führen kann, muss sie die Führung organisieren. Sie muss: Orientierung geben (z.B. in Form von Zielformulierungen, konkreten Arbeitsvorgaben etc.), Selbststeuerung fördern (z.B. Eigeninitiative unterstützen, Eigenverantwortlichkeiten definieren)

- **Egoismus einzelner Mitarbeiter:** Viele können und wollen sich nicht in ein System der Gleichberechtigung und Eigenverantwortlichkeit einordnen.

- **Überforderung einzelner Mitarbeiter:** Es wird immer Mitarbeiter geben, die sich von den an sie gestellten Aufgaben überfordert fühlen. Erschwerend kommt beim Einführen der Gruppenarbeit noch hinzu, dass die meisten Mitarbeiter mit dem System der Gruppenarbeit nicht vertraut sind, d.h es nicht gewohnt sind „kollektiv zu arbeiten". In den herkömmlichen Organisationssystemen, die Schul- und Ausbildungszeit in begriffen, wurde auch kein Wert auf Gemeinschaftsarbeit gelegt. Die individuelle Bewertung aufgrund von Einzelleistungen beherrscht ja nach wie vor unser gesamtes Schulsystem.

- **Lernwilligkeit:** Mitarbeiter müssen in horizontal organisierten Strukturen jederzeit bereit sein, Neues dazuzulernen. Viele haben große Probleme mit dieser Tatsache, müssen sich deshalb gänzlich umorientieren.

Die größten Schwierigkeiten bei Einführung der Gruppenarbeit im Überblick

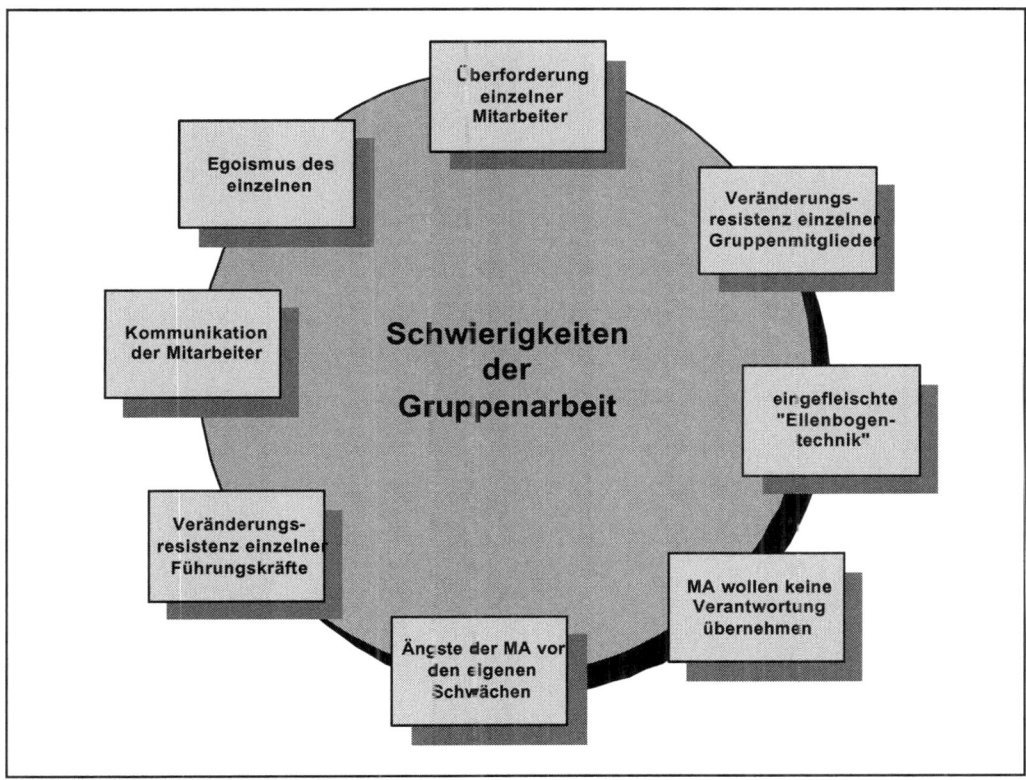

Abbildung 33: Schwierigkeiten bei Einführung der Gruppenarbeit

6   Information

6.1   Allgemein

Ohne ausreichende Information gelingt gute Zusammenarbeit in einem Unternehmen nur sehr selten. Informationen sind überaus wichtig für die Erledigung der Aufgaben in einem Planungsbüro. Deshalb ist es notwendig, den **Informationsfluß** in der **richtigen Form**, mit dem **richtigen Inhalt** und zum **richtigen Zeitpunkt** zu organisieren.

Welche Arten von Informationen gibt es?

* **Formelle (offizielle) Information:** Über das formelle Informationsnetz werden **offizielle**, d.h. für alle in gleichem Maß zugängliche Informationen weitergeleitet.

* **Informelle (nicht offizielle) Informationen:** Über das informelle Informationsnetz werden sowohl „echte Informationen" als auch „Gerüchte" in Form von Mutmaßungen und Geschichten ausgetauscht. Im Unterschied zum formellen Informationsnetz erreichen informelle Informationen nicht alle Mitarbeiter im selben Ausmaß.

* Für ein Unternehmen ist es von Vorteil, wenn das formelle und das informelle Informationsnetz deckungsgleich sind, d.h. der „offizielle" Informationsfluß so gut funktioniert, dass ein „inoffizielles" Informationssystem nur eine „Sekundärfunktion" erfüllt. Dadurch kann Gerüchten und Falschinformationen vorgebeugt werden.

6.2   Informationsfluß in einem Planungsbüro

Welche Informationen müssen weitergegeben werden?

- **Informationen zur Bewältigung der Arbeit:** Der MA wünscht sich die Informationen, die er für die Erledigung seiner Arbeit benötigt.

> *- Was ist zu tun?*
>
> *- Wer ist mit welcher Arbeit betraut?*
>
> *- Bis wann muss das Projekt fertig sein?*
>
> *- Wie soll die Arbeit bewerkstelligt werden?*
>
> *- Wer trifft Entscheidungen?*
>
> *- Warum fallen Entscheidungen so oder so aus?*

- **Projektspezifische Information:** Der Mitarbeiter wünscht sich Hintergrundinformation über seine Arbeit.

> *- Was will der Bauherr?*
>
> *- Warum will das der Bauherr?*

- **Unternehmensspezifische Information:** Der MA wünscht sich Informationen, die ihm Einblick in das Unternehmensgeschehen geben.

> *- Was passiert im Unternehmen sonst noch?*
>
> *- In welche Richtung will das Unternehmen gehen?*

- **Information zur eigenen Person:** Der MA wünscht sich Informationen über die Beurteilung seiner eigenen Person im Unternehmen.

> *- Wie wird der Mitarbeiter im Unternehmen eingeschätzt?*
>
> *- Welchen Wert hat die Arbeit, die man leistet?*
>
> *- Ist das Unternehmen mit der Leistung zufrieden?*

Wie sollen Informationen weitergegeben werden?

- **Der Informationsweg von „oben nach unten"** (vertikaler Informationsweg): Der vertikale Informationsweg birgt die große Gefahr, dass Informationen von „Vorgesetzten" selektiert werden und nur bruchstückhaft, oft als knappe Anweisung ohne irgendwelche Begründung, „unten" beim Mitarbeiter anlangen. Oft wird von Führungskräften die Selektion und Zurückhaltung gewisser Information bewusst als Mittel eingesetzt, um die eigene Position durch den entstandenen Informationsvorsprung zu festigen.

- **Der horizontale Informationsweg:** Wenn Mitarbeiter aufgrund ausreichender Informationen den Zweck und Sinnzusammenhang ihrer Arbeit erfassen, sind sie besser in der Lage, die gestellte Aufgabe zu bewältigen. Aus diesem Grund ist es von Vorteil, wenn Informationsweitergabe in einem Unternehmen folgendermaßen aussieht:

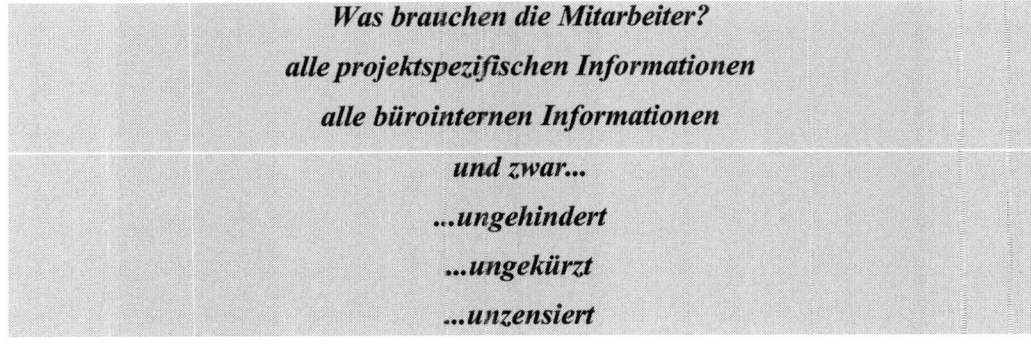

> *Was brauchen die Mitarbeiter?*
>
> *alle projektspezifischen Informationen*
>
> *alle bürointernen Informationen*
>
> *und zwar...*
>
> *...ungehindert*
>
> *...ungekürzt*
>
> *...unzensiert*

Welche Informationsmittel kommen in einem Planungsbüro in Frage?

- Aushang am „schwarzen Brett"

- Betriebshandbuch

- Betriebsversammlung

- Hauszeitung

- Hausmitteilungen

- Schaukasten

- Sozialbericht

- Sprechstunde

- Gruppenbesprechungen, Besprechungen generell

Das schnellste und direkteste Informationsmittel ist

der __mündliche__ Weg

7   Besprechungen, Konferenzen

7.1   Allgemein

Wer kennt sie nicht? Besprechungen, in denen nur einer redet, Besprechungen, deren Sinn nicht klar ist, Besprechungen, die zu keinem konkreten Ergebnis führen, Besprechungen, die langweilig sind, Besprechungen, die demotivieren und Besprechungen, die endlos lange dauern.

Vielleicht hat sich so mancher schon gefragt, ob Besprechungen überhaupt Sinn machen.

Besprechungen sind ein gutes Führungsmittel,

wenn sie richtig praktiziert werden

Richtig geführte Besprechungen machen durchaus Sinn:

- Besprechungen informieren
- Besprechungen motivieren
- Die Möglichkeit „mitreden" zu dürfen, stärkt das Selbstwertgefühl des einzelnen
- Durch das Gespräch erkennt der einzelne die Sinnhaftigkeit seiner Tätigkeit
- Offenheit bei Besprechungen bewirkt eine Atmosphäre des Vertrauens im Unternehmen
- Durch das Gespräch werden Probleme leichter greifbar
- Durch das Gespräch werden Probleme leichter lösbar

Worauf kommt es bei der Führung von Besprechungen nun an?

7.2   Besprechungen im Planungsbüro

Besprechungen müssen geplant werden

Besprechungen ohne Konzept

führen zu keinem Ergebnis

Wichtig bei der Vorbereitung von Besprechungen ist, die ganze Sache unter wirtschaftlichen Aspekten zu betrachten. Wirtschaftlich heißt in diesem Zusammenhang Vermeidung von Leerlauf, Zeitvergeudung, Störungen, Streitereien und Selbstdarstellung. Man denke nur an die Personalkosten, die durch Verkürzung der Besprechungsdauer um beispielsweise eine Stunde eingespart werden können.

Die nachfolgende Checkliste soll einige der wichtigsten Punkte zur Vorbereitung einer Besprechung erläutern.

7.2.1   Checkliste zur Planung von Besprechungen

Um Besprechungen sinnvoll planen zu können, sollten folgende Punkte Beachtung finden:

- **Festlegung des Themas der Besprechung („Motto"):** Worüber soll gesprochen werden? Die Festlegung des Themas der Besprechung ist ungemein wichtig. Ohne vernünftige Problemstellung lassen sich keine vernünftigen Lösungen finden.

- **Festlegung des Termins der Besprechung:** Der Besprechungstermin muss so angesetzt sein, dass alle Teilnehmer sich frühzeitig darauf einstellen und vorbereiten können.

- **Festlegung des Besprechungsorts:** Der Ort richtet sich in erster Linie nach den räumlichen Gegebenheiten. Die Raumgröße sollte jedoch grundsätzlich geeignet, also weder zu groß noch zu klein sein. Wichtig ist weiters, dass der Besprechungsraum vorbereitet ist, d.h. Tische, Stühle, Tafel etc. müssen vorhanden und richtig aufgebaut sein. Wenn zuerst Stühle und Tische zurechtgerückt werden müssen, stört und hemmt dies den Besprechungsablauf von Anfang an. Auch das Raumklima sollte angepaßt sein. Zu kalte oder zu warme Räume, zuwenig/zuviel Licht etc. wirken sich negativ auf die Motivation der Besprechungsteilnehmer und somit auf den Verlauf der Besprechung aus. Wer sich in irgendeiner Weise unwohl fühlt, hat bald keine Lust mehr, konstruktiv am Gespräch mitzuwirken.

- **Einladung zur Besprechung mit Angabe der Tagesordnungspunkte:** Jeder Teilnehmer muss eine Einladung zur Besprechung erhalten (mündlich, schriftlich oder per Anschlag), die die Tagesordnungspunkte enthält. Es muss daraus klar hervorgehen, worüber gesprochen werden soll, welche Probleme anstehen und welche Entscheidungen getroffen werden müssen. Sinn der genauen Angabe der Besprechungspunkte soll sein, dass alle Teilnehmer mit dem **gleichen Informationsstand** in die Besprechung gehen. Damit kann die Diskussion sofort und ohne Umschweife, Erläuterungen, Einführungen etc. beginnen. Das spart Zeit und Mühe.

Die Einladung zur Besprechung sollte folgendes enthalten:	
Angabe der Tagesordnungspunkte	*z.B. als Liste*
Besprechungsthemen	*Hintergründe, schriftl. Darstellung von Details, Auflistung der Probleme*
Voraussichtliche Dauer der Besprechung	*Nichts ist unangenehmer und demotivierender als Besprechungen, deren Ende nicht absehbar ist.*
Diskussionspunkte	*Worüber soll diskutiert werden?*
Entscheidungen	*Was soll entschieden werden?*

- **Termine für Entscheidungen:** Mögliche Termine für Entscheidungen können ebenfalls bereits im vorhinein festgelegt werden. Das Treffen von Entscheidungen ist nicht einfach, weil niemand gerne die Verantwortung für eine getroffene Entscheidung übernimmt. Festgesetzte Entscheidungs-Termine könnten helfen, die Entscheidungsfreudigkeit zu erhöhen (Entscheidungsdruck).

- **Teilnehmer:** Der Teilnehmerkreis sollte möglichst klein gehalten werden. Mit vielen Besprechungsteilnehmern ist es sicher schwieriger zu einer Lösung zu kommen als mit weniger Leuten. Auch die Kommunikation gestaltet sich bei zu vielen als schwierig. Oft verstehen sich die einzelnen rein akustisch nicht, da sie zu weit voneinander entfernt sitzen. Besser und effektiver ist es, **mehr** Besprechungen mit **weniger** Leuten abzuhalten. Auch fordert eine kleinere Teilnehmerzahl den einzelnen mehr. Er kann sich dadurch nicht so leicht hinter der Masse verstecken, sondern muss selbst Stellung zu einem Problem beziehen. Die Teilnehmer müssen sorgfältig je nach Besprechungsthema ausgewählt werden. Es müssen diejenigen ausgewählt werden, die das Thema betrifft und die kompetent sind, an einer Lösung mitzuarbeiten.

7.2.2   Die Besprechung selbst

Nachfolgend sollen einige Punkte genannt werden, die äußerst wichtig sind für die Abhaltung von Besprechungen sind:

- **Pünktlichkeit:** Zu Besprechungen muss jeder Teilnehmer pünktlich erscheinen. Manche versuchen durch Unpünktlichkeit ihre Wichtigkeit zu unterstreichen. Ein solches Verhalten ist destruktiv, kostet nur Zeit und Nerven derjeniger, die pünktlich sind. Unpünktlichkeit sollte deshalb entsprechend sanktioniert werden.

- **Störungen, Unterbrechungen in Besprechungen:** Neben Unpünktlichkeit sind Unterbrechungen in Besprechungen äußerst unangenehm. Viele Leute lassen sich aus der Besprechung herausrufen (wichtiges Telephonat etc.) um ihre Wichtigkeit zu unterstreichen oder einfach aufzufallen. Durch Unterbrechungen verliert man jedoch leicht den Faden, die Konzentration lässt nach.

- **Inhalt der Besprechung:** Eine Besprechung sollte nur aus **Fragen und Antworten zum Thema** bestehen. Unnötig lange Erörterungen, (private) Geschichten und dergleichen haben keinen Sinn, ziehen die Besprechung nur in die Länge.

- Fragen und Antworten sollen nicht dazu dienen, andere zu disqualifizieren und sich dabei selbst aufzuwerten. Jeder Gesprächspartner soll gleichwertig behandelt werden, das gilt auch für dessen Meinung.

- Eine **innere gedankliche Ordnung** muss das Vorgehen in der Diskussion bestimmen, sonst gerät das Ganze in eine belanglose „Schwätzerei", bei der sich einige wenige in den Vordergrund spielen und diejenigen, die etwas Konstruktives zu sagen haben, frustriert schweigen. Verantwortlich für den konstruktiven Verlauf einer Besprechung ist der **Besprechungsleiter.**

- **Besprechungsleiter (Moderator):** Jede Besprechung muss einen Besprechungsleiter haben, der als **Moderator** fungiert. Er muss darüber entscheiden, **welche Punkte behandelt** werden **und wieviel Zeit** für die einzelnen Punkte zur Verfügung steht.

- Er muss die Besprechung moderieren wie eine „talkshow", keiner darf benachteiligt, keiner bevorzugt werden, lange Reden und ausschweifende Darstellungen müssen unterbunden werden. Der Moderator hat immer wieder auf das Thema zu verweisen, er darf auf keinen Fall dulden, dass jemand vom Thema abschweift, auf bereits Ausdiskutiertes zurückkommt oder gedanklich vorwegnimmt, was noch nicht an der Reihe ist.

- **Die Sitzordnung:** Der Besprechungsleiter soll auf die Sitzordnung und ihre psychologischen Vor- und Nachteile achten. Beispielsweise sollten Besprechungsteilnehmer einer gleichen Arbeitsgruppe nicht nebeneinander sitzen, da durch Distanzierung und Kohäsion dieser „Untergruppe" eine echte Gefahr für das Entwickeln eines gemeinsamen Ziels entstehen kann **(Gefahr der Cliquenbildung).**

- **Tischformen:** Die Tischform spielt ebenfalls eine gewisse Rolle. Längliche Konferenztische, bei denen es ein „Oben" und ein „Unten" gibt, bestimmen automatisch eine Rangordnung der Gesprächsteilnehmer. Derjenige, der am Tischende sitzt, ist offensichtlich „wichtiger" als die anderen. Die ideale Tischform stellt der runde Tisch dar, es gibt geometrisch keine Gewichtung. Leider ist die „Lösung mit dem runden Tisch" selten praktizierbar, da er in der Größe nicht variabel ist und viele Räume eignen sich schlichtweg nicht für die Aufstellung von runden Tischen. Wichtig bei allen Tischformen ist, dass sich alle Teilnehmer sehen und verstehen können. Keiner sollte dem anderen den „Rücken zukehren", keiner dem anderen die Sicht versperren. Natürlich kann eine Besprechung auch einmal „ohne Tische" stattfinden, wenn es sich um Gespräche handelt, die keine schriftlichen Unterlagen erfordern. Die Besprechungsgruppe setzt sich beispielsweise im Halbkreis um eine Pinnwand, auf der die Ergebnisse der Besprechung visualisiert werden.

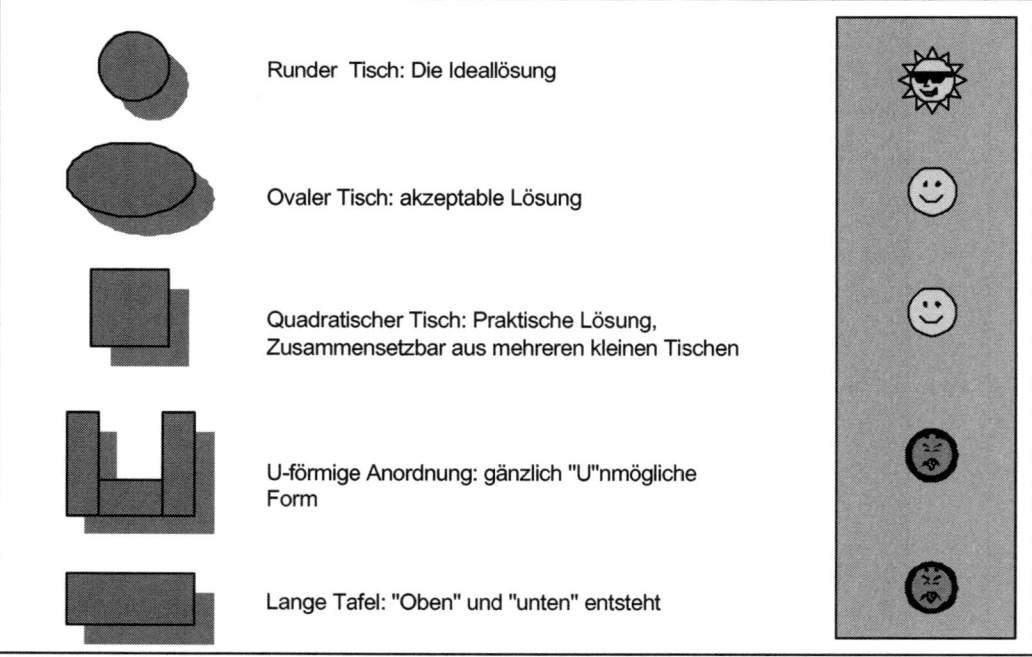

Abbildung 34: Tischformen bei Besprechungen

7.2.3 Ergebnis einer Besprechung: Das Besprechungsprotokoll

Wichtig ist, dass alle Problemstellungen und die Lösungsansätze in Form eines **Besprechungsprotokolls** aufgezeichnet werden. An der Gestaltung des Besprechungs-protokolls sollen sich grundsätzlich alle Mitarbeiter beteiligen. Jeder Vorschlag zur Problemlösung soll möglichst konkrete Hinweise und Informationen bezüglich des Lösungsansatzes, des geschätzten Potentials und des Ideengebers beeinhalten.

Das Protokoll soll jedem Besprechungsteilnehmer und jedem Mitarbeiter im Unternehmen zugänglich sein. (Möglichkeit der Verteilung: Aufhängen am Schwarzen Brett, in der Teeküche, als bürointernes Rundschreiben 1x wöchentlich etc.).

Das Protokoll soll Richtlinie, Checkliste und Arbeitshilfe für alle Mitarbeiter sein, um die Arbeit besser zu bewältigen.

Beispiel für Form und Inhalt eines Besprechungsprotokolls:

Besprechungsprotokoll Nr. ...				
Datum: xy **Teilnehmer:** xy				
Projekt	*Diskussionspunkte* *Probleme*	*Lösungen/Vorschläge* *Maßnahmen*	*Wer macht was*	*Entscheidung Termin*
1. Projekt A	- Terminplan nicht eingehalten - Mengenermittlung in Verzug - Welche Art von Fliesen - ...	- Aufholung durch Wochenendarbeit - Bauherrngespräch	Mitarbeiter AB Mitarbeiter XY	5.09.1997 10.10.1997
2. Projekt B	- Polierpläne fertig - Statikpläne fehlen - ...			

7.2.4 Störfaktoren in Besprechungen

- **Miesmacher:** Unter dem Mäntelchen der besorgten Kritik machen sie alles schlecht, was ungewohnt, unüblich oder neu ist. In Wirklichkeit sind ihre ablehnenden Äußerungen meist Schutzbehauptungen für ihre eigene Faulheit oder Trägheit, aus dem Gewohnten heraus etwas völlig anderes tun zu müssen.

- **Killerphrasen:** Killerphrasen bei Besprechungen wirken destruktiv und demotivierend.

Hier einige der gängigsten Killerphrasen

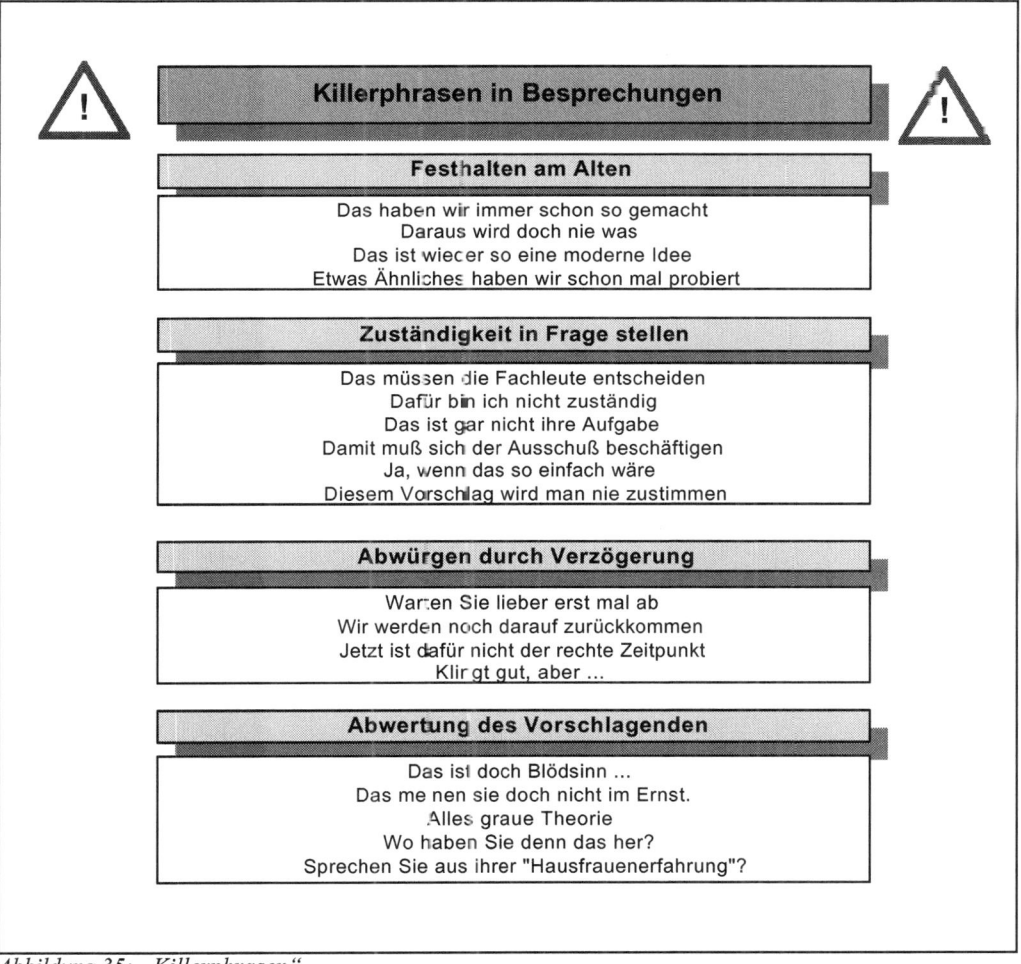

Abbildung 35: „Killerphrasen"

Was macht man gegen Störfaktoren?

Die effektivste Art, um gegen vorhergenannte „Störfaktoren" vorzugehen ist, diese zu **visualisieren**.

Im Besprechungsraum, Teeküche, Gemeinschaftsraum können ohne weiteres Plakate mit entsprechendem Inhalt aufgehängt werden, sodass sie jeder sieht.

Wirkungsvoll ist, wenn sich ein Besprechungsteilnehmer in derartige Äußerungen versteigt, ihn auf die an der Wand hängenden Sätze zu verweisen.

8   Arbeitszeitsysteme

8.1   Allgemein

Die Frage nach der Arbeits- und Betriebszeit wird gegenwärtig viel diskutiert. Im Mittelpunkt stehen bei allen Denkansätzen volkswirtschaftliche, gesellschaftspolitische und betriebswirtschaftliche Aspekte.

Mitteleuropa, vor allem die Länder Deutschland Österreich und Holland haben die niedrigste Arbeitszeit weltweit. Die 35 Stunden-Woche bei vollem Lohnausgleich ist bereits seit dem Herbst 1995 in manchen Branchen Deutschlands Realität.

8.1.1   Ziele unternehmerischer Arbeitszeitstrategien

Folgende Ziele kann eine unternehmerische Arbeitszeitstrategie verfolgen:

- **Anpassung an die Marktnachfrage:** Durch die Variation von Arbeits- und Betriebszeiten versuchen sich die Betriebe, sowohl quantitativ als auch qualitativ an die Marktverhältnisse anzupassen.

- **Betriebsinterne Kostensenkung:** Weiteres Ziel der unternehmerischen Arbeitszeitstrategien ist die Senkung der Arbeitskosten. Durch eine arbeitsökonomisch optimale Organisation der Tages-, Wochen-, Jahres- und Lebensarbeitszeit können arbeitswirtschaftliche Kenngrößen positiv beeinflusst werden.

- **Verbesserung der privaten Lebensbedingungen:** Durch flexible Arbeitszeitsysteme, Teilzeitarbeit und gleitende Arbeitszeit beispielsweise können bessere Konditionen für Arbeits- und Freizeit geschaffen werden.

8.1.2 Gesetzl. Höchstgrenzen der Arbeitszeit in Österreich

Nach dem derzeit gültigen Arbeitszeitgesetz darf die **tägliche Normalarbeitszeit 8 Stunden**, die **wöchentliche Normalarbeitszeit 40 Stunden** nicht überschreiten. Ist im Unternehmen gleitende Arbeitszeit vereinbart, darf die tägliche Normalarbeitszeit 9 Stunden nicht überschreiten (§4b AZG: Gleitende Arbeitszeit).

Der jeweilige Kollektivvertrag (spartenabhängig) kann eine Verlängerung der täglichen Normalarbeitszeit bis auf 10 Stunden zulassen oder die Betriebsvereinbarung zur Verlängerung ermächtigen.

Die wöchentliche Normalarbeitszeit darf die Arbeitszeitgrenzen im Durchschnitt nur insoweit überschreiten, als Übertragungsmöglichkeiten von Zeitguthaben vorgesehen sind.

8.2 Tägliche Arbeitszeitgestaltung

8.2.1 Die 8-Stundengrenze

Menschen können im Tagesverlauf, im Gegensatz zu Maschinen und Anlagen, keine konstante Arbeitsleistung erbringen. Untersuchungen aus dem Bereich der Arbeitswissenschaft konnten eindeutige Zusammenhänge zwischen Dauer der täglichen Arbeitszeit und Ermüdung nachweisen. Man stellte beispielsweise fest, dass bei einer Erhöhung der täglichen Arbeitszeit über die 8-Stundengrenze, insbesondere bei körperlicher Arbeitsbelastung, eine verhältnismäßig starke Reduktion der Arbeitsproduktivität zu beobachten war.

Als betriebswirtschaftlich und arbeitswissenschaftlich optimal kann daher bei körperlich bzw. mental-geistiger durchschnittlich belasteter Arbeitsanforderungen ohne erkennbare Überforderungstendenzen der **8-Stundentag** (8-stündige Nettoarbeitszeit ohne gesetzliche Ruhepausen) angesehen werden. Unzweckmäßig erscheinen Tagesarbeitszeiten über 8 Stunden insbesondere für **Führungs- und kreative Tätigkeiten.** Denn Kreativitätspotentiale lassen sich nicht in Abhängigkeit verlängerter Tagesarbeitszeiten vermehrt freisetzen.

Auch die Güte der Führungsentscheidungen wird durch die überlangen täglichen Arbeitszeiten nicht gefördert, sondern sogar deutlich reduziert. (vgl. Peter Müller Seitz: Erfolgsfaktor Arbeitszeit, München: 1996).

8.2.2 Die Tagesleistungskurve

Neben der Arbeitszeitdauer existieren noch andere Faktoren, die das menschliche Leistungsverhalten beeinflussen. Nicht nur die Anzahl der geleisteten Arbeitsstunden spielt eine Rolle, sondern auch die **Lage der jeweiligen Arbeitsstunde innerhalb des Arbeitstages**.

Es kann nicht davon ausgegangen werden, dass jede im Tagesverlauf abgeleistete Arbeitsstunde in gleicher Weise produktiv ist. Empirisch nachgewiesen wurden diese arbeitsmedizinischen Befunde von O. Graf (<u>Arbeitsphysiologie,</u> Wiesbaden: 1960) in der sog. Arbeitskurve.

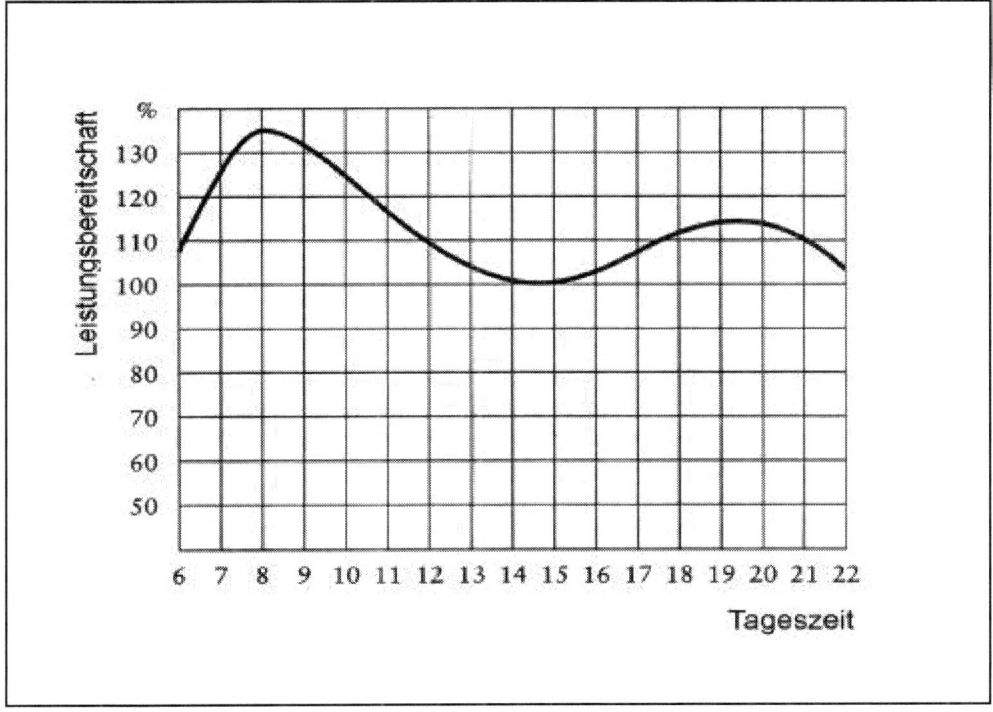

Abbildung 36: Tagesleistungskurve von O. Graf (1960)

8.3   Wöchentliche Arbeitszeitgestaltung

8.3.1   Die 3-4 Tage-Woche

Vorteile für den Arbeitnehmer bietet die 3 oder 4 Tagewoche, da sie den Arbeitnehmern einen relativ langen, zusammenhängenden freien Zeitraum einräumt. Allerdings hat dies zwangsläufig lange Arbeitstage zur Folge. Überlange Arbeitszeiten führen, wie zuvor schon erwähnt, im Regelfall zu einem Absinken der Arbeitsproduktivität.

8.3.2   Die 6-7 Tage Woche

Vorteile für den Arbeitgeber bietet die 6 oder 7 tägige Arbeitswoche, da die anfallenden Büro-Fixkosten wirtschaftlicher verteilt werden können. Gleichzeitig könnte die Arbeitsstundenbelastung pro Tag minimiert werden, was die durchschnittliche Arbeitsproduktivität erhöhen würde.

Die Bereitschaft der Arbeitnehmer zur Aufnahme einer Arbeit an Sonn- und Feiertagen, bzw. an 7 Tagen in der Woche über einen längeren Zeitraum hinweg lässt sich im wesentlichen nur durch einen erheblichen Anreiz in Form entsprechend hoher Lohnzulagen erreichen. Entscheidend bleibt, dass kulturelle und gesellschaftliche Kontaktmöglichkeiten sich nach wie vor auf die Wochenenden und Feiertage konzentrieren.

Aus diesem Grund wird die Sonn- und Feiertagsarbeit bei einem Großteil der Arbeitnehmer unbeliebt blieben.

8.4 Die Gestaltung der Arbeitszeit in einem Planungsbüro

8.4.1 Arbeitszeitbasis

8-Stunden-Tag als Höchstgrenze

5-Tagewoche

gleitende Arbeitszeit

Aufgrund der vorangegangenen Überlegungen liegt der Schluss nahe, dass für ein Planungsbüro der 8-Stundentag, die 5-Tagewoche und die Einführung der gleitenden Arbeitszeit am günstigsten ist.

Auf eine definitive Festlegung und Einhaltung der 40-Stundenwoche wird verzichtet, da die Einteilung der Arbeitszeit pro Tag/Woche/Monat/Jahr von den **Arbeitsgruppen selbst** vorgenommen werden muss. Es soll keine festgelegte Wochenstundenzahl geben, die von den Mitarbeitern „abzuleisten" ist.

Basis für die Gehaltsberechung ist die 40-Stunden-Woche. Die Arbeitsstunden werden in sog. „Zeitkonten" erfasst, die individuell über einen längeren Zeitraum (z.B. ein Jahr) auf- oder abgebaut werden können.

Anm.: Die Einführung der festen x-Stunden-Woche hat nur dann Sinn, wenn Mitarbeiter in ihrer Abhängigkeit vor Ausbeutung geschützt werden müssen. Das trifft heute in Mitteleuropa nicht mehr zu.

Die 40-Stundenwoche ist Basis

für die Berechung der Gehaltszahlung

und der Berechung der Zeitkonten

(Überstunden - Unterstunden)

8.4.2   Arbeitszeiteinteilung in der Gruppe

Da die Gruppe für ihre Arbeit selbstverantwortlich ist, muss sie auch die Arbeitszeit selbst einteilen. Dabei soll gelten:

So viel Freiraum wie erforderlich

So wenig Vorschriften wie notwendig

Die Gruppe setzt eigenverantwortlich fest:

- **Wie macht man was?** Zerlegung des Projekts in die verschiedenen Arbeitsschritte.

- **Wie lange darf man für was brauchen?** Arbeitszeiteinteilung in Abhängigkeit von Terminplänen, Budgetvorgaben, internen Vorgaben, ...

- **Wie verteilt sich die Arbeit auf Wochen und Monate?** Die Gruppe muss einen internen Gruppen-Terminplan erstellen, aus dem der zeitliche Ablauf und die interne Arbeitsverteilung der Projekte ersichtlich ist. Dadurch kann sowohl das Projekt terminlich gesteuert, als auch die Arbeitszeit der Gruppe und deren Mitarbeiter individuell festgesetzt werden.

- **Tägliche Arbeitszeit:** Die tägliche Arbeitszeit soll von der Gruppe selbst festgelegt werden. Dabei regelt sich die gleitende Arbeitszeit erfahrungsgemäß von selbst, da die Gruppenmitglieder aufeinander angewiesen sind und sich bei richtigem Funktionieren der Gruppenarbeit ein gewisses Vertrauensverhältnis zwischen den Teammitgliedern bildet. Zwar gibt es immer „schwarze Schafe", die „blau machen", oder „wieder mal zu spät dran sind", aber sie werden aus der Reaktion der Gruppe sehr bald merken, dass sie damit nicht weit kommen. Gruppenkollegen haben in der Regel ein sehr feines Gespür, ob es jemand ehrlich meint oder nicht. Wer sich nicht in das System der Gruppe einfügt, wer seine Kollegen zu seinen Gunsten ausnützt, wird bald mit Konsequenzen rechnen müssen, da sich die Kollegen ein derartiges Verhalten nicht lange gefallen lassen. Die schärfste Konsequenz stellt dabei die Entlassung aus dem Unternehmen dar.

8.4.3   Gleitende Arbeitszeit

Gleitende Arbeitszeit

Gleitzeit gliedert sich in eine **Kernzeit**, in der alle Mitarbeiter anwesend sein müssen und in eine **Gleitzeit**, in der die Mitarbeiter anwesend sein können, aber nicht müssen.

Wie zuvor beschreiben, soll grundsätzlich die Zeiteinteilung im Planungsbüro den einzelnen Arbeitsgruppen überlassen sein. Zur besseren gegenseitigen Verständigung zwischen Mitarbeitern, Gruppen, Führungskräften sollte jedoch ein Zeitraum **(Kernzeit)** bestimmt werden, an dem alle Mitarbeiter anwesend sein müssen.

Die Festsetzung der Kernzeiten hängt von der Art, Größe und Überschaubarkeit des Unternehmens ab und lässt sich sehr flexibel gestalten:

- Kernzeit an einem oder zwei Tagen in der Woche, z.B. jeden Montag von 9 bis 12 Uhr

- Kernzeit an einem Tag im Monat (ganztägige Anwesenheitspflicht), z.B. jeden ersten Montag im Monat

- Kernzeit an jedem Tag von 9 bis 12 Uhr

Überstunden

Laut derzeit gültigem Kollektivvertrag (Stand: 1.10.1996) kann bei erhöhtem Arbeitsbedarf die Arbeitszeit um 5 Stunden je Woche und darüber hinaus um höchstens 60 Stunden innerhalb eines Kalenderjahres verlängert werden.

Überstunden im klassischen Sinne gibt es bei diesen Überlegungen **nicht**, da die 40-Stundenwoche im Unternehmen **nicht bindend festgelegt** wird. Daher können Überstunden auch als solche nicht bezahlt werden.

Wenn die Gruppe Mehrarbeit für notwendig hält, ist sie für die Verteilung der Mehrstunden über die Wochen oder Monate selbst verantwortlich. Die Zeitguthaben sollen in Zeiten geringerer Arbeitsbelastung durch Minderarbeit ausgeglichen werden. Es muss daher gruppenintern vorgesehen werden, wann und in welcher Form die Zeitguthaben ausgeglichen werden können. Fallen jedoch laufend, d.h. über einen längeren Zeitraum, Überstunden an, sodass die Möglichkeiten des Ausgleichens gering sind, soll zwischen Arbeitgeber und Arbeitnehmer die Vereinbarung einer Überstundenpauschale möglich sein. Derartige Vereinbarungen können in der Gruppenbesprechung, der Statussitzung und der Lenkungsausschusssitzung vorgebracht und beschlossen werden.

8.4.4   Stechuhren

Stechuhren können nur den Zweck erfüllen, die Arbeitszeit der Mitarbeiter festzuhalten. Mittels Stechuhren ist man in der Lage, Mehr- und Minderstunden jedes Mitarbeiters aufzuzeichnen, die individuellen Zeitkonten zu berechnen und am Ende einer Zeitperiode (z.B. Projektende, Gruppenwechsel, Zwischentermine, ...) abzurechnen.

Stechuhren zeichnen nur die Arbeitszeit des Mitarbeiters auf

und dienen der individuellen Zeitkontenberechnung

Viele Führungskräfte in Unternehmen unterliegen der irrigen Meinung, dass bloße **Anwesenheit** der Mitarbeiter zugleich **Arbeitseffizienz** bedeutet. In einigen Büros legt man aus diesem Grund großen Wert auf Einhaltung der Kernzeiten, jede Minute außerhalb wird auf verschiedene Art und Weise „sanktioniert". In einigen Büros werden zum Beispiel „Strafgelder" für Verletzungen der Kernzeit eingehoben, andere versuchen durch schriftliche Abmahnungen ihre Mitarbeiter zu Pünktlichkeit und Anwesenheit zu erziehen . Man vergisst dabei jedoch die Tatsache, dass bis heute noch kein maschinelles System in der Lage ist, die Anwesenheit der Mitarbeiter und deren tatsächliche Arbeitsleistung zu dokumentiert.

Bloße Anwesenheit kann nie gleichgesetzt werden mit Arbeitseffizienz

Aus diesem Grund müssen in einem Unternehmen andere Kontrollmechanismen eingeführt werden. Zusammenfassend, einige Punkte sind in den einzelnen Kapiteln dieser Arbeit bereits ausführlich beschrieben worden, sollen hier einige Möglichkeiten genannt werden:

- **Flache Hierarchien (horizontale Organisationsstrukturen)**

- **Vorgabe von Leistungszielen**

- **Eigenverantwortung:** Jeder im Unternehmen trägt Verantwortung für sich selbst und seine Arbeit

- **Gruppenarbeit:** Die Gruppe als Hauptarbeitsträger im Unternehmen reguliert sich selbst

- **Gruppendynamik:** Eine funktionierende Gruppe und ein gutes Betriebsklima wirken sich positiv auf die Motivation der Mitarbeiter aus. Arbeitsziel und Anwesenheit können im kleinen Rahmen besser kontrolliert werden als in großem Stil von oben. Hinzukommt die bessere Beurteilbarkeit der Arbeit des einzelnen. Von oben lässt sich oft schwer beurteilen, ob die Arbeit nun „gut" oder „schlecht" ausgeführt wurde.

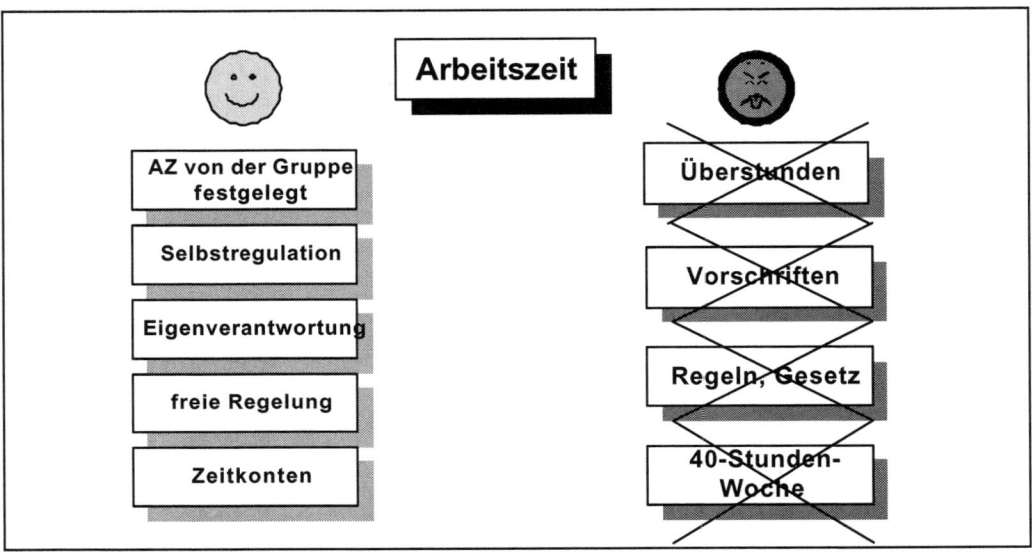

Abbildung 37: Arbeitszeit im Planungsbüro

9 Qualitätsmanagement

9.1 Allgemein

Heutzutage wird sehr viel über Qualität gesprochen. Begriffe wie Qualitätsmanagement, QM-Zertifizierung nach ISO 9000, verschiedene Prüfzeichen tauchen überall auf. Nicht nur an Immobilien, Autos, Nahrungsmittel, Konsumgüter etc. werden Qualitätsanforderungen gestellt, sondern auch an Dienstleistungen.

Planungsleistungen sind Dienstleistungen

Deshalb kann (und muss) man auch im Planungsbüro über Qualitätsmanagement sprechen.

Allerdings soll hier Qualitätsmanagement <u>nicht</u> im Sinne der Zertifizierung nach ISO 9000/1/2/3/4 verstanden werden. Qualitätsmanagement in diesem Zusammenhang soll eine <u>Ergänzung</u> zur ISO 9000/1/2/3/4 sein, um die „Qualität" des Unternehmens, das „Endprodukt", die Planungsaufgabe zu verbessern.

Wie muss Arbeit in einem Planungsbüro organisiert sein, damit die Qualität sichergestellt ist?

Welche Qualitätsanforderungen müssen welche Leistungen intern erfüllen?

9.2 Qualitätsmanagement im Planungsbüro

Um Qualität im Arbeitsprozeß zu erreichen,

muss Qualität definiert werden

Qualität kann auf verschiedenen Gebieten gefordert werden. Hier sollen einige wenige diskutiert werden:

- Qualität der Leistung

- Qualität von Personal und Material

- Qualität der Fehler: Umgang mit Fehlern

- Qualität der „Umgangsformen"

9.2.1   Qualität der Leistung

Definition der Anforderungen durch Festlegen von Standards

Der Sinn von Vorgaben und Standards:

- Durch das Festlegen von Standards durch Definition der Leistungen ...

- ...sollen keine starren Vorgaben gemacht werden, die Muster sollen lediglich als Vorlage dienen

- ...soll die Arbeit durch Vereinfachung von Routinearbeiten erleichtert werden

- ...soll die Qualität der einzelnen Leistungen beschrieben werden, um den Standard, die Anforderungen zu definieren.

- Am einfachsten können Standards im Planungsbüro mit Mustern und Vorlagen definiert werden wie zum Beispiel:

- Musterpläne, in denen die Art der Bemaßung, Strichstärken, Darstellungsformen von Fenstern und Türen, Schriftarten, Schraffurtypen, Art und Aufbau der Planköpfe, etc. festgelegt sind. Musterpläne sollen als Vorlage dienen, als Checkliste, um zu überprüfen, ob alle wesentlichen Elemente enthalten sind. (Speziell für weniger erfahrene Mitarbeiter könnten solche Musterpläne eine gute Hilfe sein)

- **Einheitliches Firmenlogo:** Das Büro sollte ein einheitliches Firmenlogo haben für den gesamten Schriftverkehr, aber auch für Pläne (Planköpfe). Standardisierte Briefköpfe, Planköpfe, Briefumschäge, Deckblätter für Ausschreibungen, die jeder verwenden kann, erleichtern die Arbeit erheblich und vereinfachen den Arbeitsablauf.

- **Musterausschreibungen:** Ausschreibungen sind ein heikles Thema, da der Erfolg einer Ausschreibung zum großen Teil vom Inhalt abhängt. Eine große Hilfe für weniger erfahrene Mitarbeiter stellen daher Ausschreibungen bereits ausgeführter Projekte dar, die für gut befunden wurden und an denen man Ausschreibungsarten/formen veranschaulichen kann. Eventuell sind auch ausgepreiste alte Leistungsverzeichnisse zu Lernzwecken geeignet. Solche „Musterausschreibungen" können als „roter Faden" zur Erstellung neuer Ausschreibungen dienen. Die Musterausschreibungen sollten jedoch nach Art und Umfang unterschieden werden, da die Ausschreibungsart/form sehr stark von der Art des Projektes abhängt. Zum Beispiel: Musterausschreibung für Einfamilienhäuser, Sozialen Wohnbau, Gewerbeobjekte, GU-Ausschreibungen, Funktionalbeschreibungen etc.

- **Checklisten zu Kostenermittlungen:** Checklisten helfen festzustellen, ob alle Kostenelemente berücksichtigt wurden. Muster-Kostenermittlungen geben Anhaltspunkte für die Wahl der Art und Schätzungstiefe der jeweiligen Kostenermittlung. Muster-Kostenermittlungen können aus alten, bereits fertigen Projekten zusammengestellt sein, bei denen die Kosten erfahrungsgemäß gut mit der Endsumme übereingestimmt haben. Sinnvoll ist auch die Aufteilung der Muster-Vorlagen in verschiedene Projekttypen und Projektgrößen. Zum Beispiel: Muster-Kostenermittlung für Einfamilienhäuser, Krankenhäuser, Gewerbehallen, wobei der Gesamtkostenrahmen, Brutto-Grundrißfläche, Brutto-Rauminhalt eine nochmalige Unterteilung zulässt. Natürlich müssen solche Checklisten ständig auf Aktualität überprüft und gewartet werden.

- **Verwaltung von Dateien:** Der Einsatz von EDV erleichtert Arbeit nicht immer. Vor allem dann nicht, wenn man sich auf die Suche nach „fremden" Dateien machen muss. Das kann erheblich viel Zeit kosten. Deshalb ist es sinnvoll, ein bürointernes Verwaltungssystem einzuführen, an das sich jeder Mitarbeiter halten muss. Dateien sollen so gekennzeichnet werden, dass sie von jedem Büromitglied gefunden werden können. Das setzt die Einführung einer klaren, durchdachten Datei-Verwaltungsstruktur im Planungsbüro voraus. Muster einer Datei-Verwaltung sollen hier keine angeführt werden, da jedes Verwaltungssystem individuell ist.

9.2.2 Qualität von Personal und Material

Der Mensch steht im Mittelpunkt

- **Mitarbeiterqualität:** Ist der Mitarbeiter tatsächlich qualifiziert? Wie kann man feststellen, ob ein MA für die Arbeit geeignet ist? Wie sollte der neue MA sein, wo soll er eingesetzt werden? Bei Neueinstellung könnte die Erstellung eines bürointernen Eignungsprofils hilfreich sein, um die eigenen Vorstellungen vom zukünftigen MA zu definieren und um die Bewerber in Qualifikation und Eignung vergleichen zu können.

Das Eignungsprofil könnte folgende Punkte enthalten:

- Fachliche Eignung des MA: Festlegen der Art des Schulabschlusses: z.B. HTL-Abschluß als Voraussetzung, Berufserfahrung: z.B. Für die Mitarbeit im Planungsbüro könnten 5-jährige Berufspraxis vorausgesetzt werden.

- Persönliche Eignung des MA: Folgende persönliche Eigenschaften könnten vorausgesetzt werden: Ausdrucksvermögen, Belastbarkeit, Einsatzbereitschaft, Kreativität, Teamfähigkeit, Selbstvertrauen, Einfallsreichtum, Erinnerungsvermögen, Kontaktfähigkeit. Die Bewertung nach diesen Kriterien fällt oft schwer, doch kann ein Vorstellungsgespräch, mit Fingerspitzengefühl geführt, viel Aufschluss über die Persönlichkeit eines Menschen geben.

- **Materialbereitstellung/Geräteservice:** Das richtige Werkzeug am richtigen Platz sowie die regelmäßige Wartung und Reinigung der Maschinen (Kopierer, Fax, Pausmaschine, Computer...) ersparen viel Zeit und Ärger. Es muss daher für jeden Bereich eine oder mehrere Personen verantwortlich sein. Zum Beispiel: zentrale Materialausgabe (Sekretariat), zuständige Person für Kopieren, Plotter, Fax, Telephon etc.

9.2.3 Qualität von Fehlern: Der Umgang mit Fehlern

Umgang mit Fehlern...

... durch Identifikation, Definition und Visualisierung

Fehler sind Bestandteile der Qualität, da fast keine Arbeit völlig fehlerfrei ist. Deshalb muss man sich Gedanken machen über die Konsequenzen von Fehlern:

Fehler lassen sich nur dann bekämpfen, wenn man sie erkennt. Deshalb sollten kontinuierlich bürointern Fehleranalysen durchgeführt und die Fehler visualisiert werden, damit die MA aus den gemachten Fehlern lernen können.

Mögliche Fehler in einem Planungsbüro:

- Mangelhafte Ausschreibungen: Massenfehler, Textfehler, ..
- Fehlende Vorbemerkungen: juristisch falsche Vereinbarungen
- Falsche, fehlerhafte Kotierungen in Plänen: fehlende Maße, falsche Bezeichnungen
- Fehler in Terminplänen: zu   lange/zu   kurze Terminvorgaben
- (...)

Identifikation, Definition und Visualisierung könnte erfolgen mittels

- Bürointerner Broschüre, in der die Fehler beschrieben werden
- Bürointerner Aushang am „schwarzen Brett"
- Fehlerbesprechung in der Gruppe (Gruppenbesprechung)
- Fehlerbesprechung in Status- und Lenkungsausschusssitzung
- Bürointerner Schulungen je nach Bedarf
- (...)

Was man beim Auftreten von Fehlern NIE machen sollte

Fehler sollen

Nie mit einer speziellen Person verbunden werden.

Schuldzuweisungen bewirken

keine Fehlerverbesserung.

Deshalb sollte man sich mit Fehlern **neutral** auseinandersetzen.

9.2.4 Qualität der „Umgangsformen"

Die folgenden Begriffe Aufräumen, Ordnen, Reinigen, Sauberkeit und Disziplin stammen aus der der japanischen „Kaizen-Methode" und gelten in Japan als Voraussetzungen für Qualität der Arbeit in einem Unternehmen. (Anm.: Das japanische Wort „Kaizen" bedeutet soviel wie „ständige Verbesserung")

Qualität der „Umgangsformen" bedeutet, die 5 „S" im Büro anwenden

Deutsch	Japanisch
Aufräumen	(Seiri)
Ordnen	(Seiton)
Reinigen	(Seiso)
Sauberkeit	(Seiketsu)
Disziplin	(Shitsuke)

- **Aufräumen, Ordnen, Disziplin:**

  - *Büromaterial:* In jedem Büro gibt es Unmengen alten, überflüssigen Büromaterials, lose Blattsammlungen, die noch nicht eingeordnet sind, Pläne von Projekten, die schon längst gebaut sind, Konzepte, Entwürfe, alte Prospekte und vieles mehr.

  Alles Alte sollte entfernt und mit System gelagert werden, damit die gesetzliche Aufbewahrungspflicht erfüllt wird.

  - *Akten:* Akten müssen nach einem bestimmten Ordnungssystem geordnet werden, sodass jeder Mitarbeiter in der Lage ist, das Gesuchte schnell zu finden. Das ist insbesondere in der Urlaubszeit sehr wichtig oder wenn jemand krank ist und längere Zeit ausfällt. Aktenordner müssen für alle zugänglich sein. Damit keine Unordnung im Akt entsteht, weil ihn mehrere benutzen, sollte eine klar definierte Ordnung auch im Akt selbst herrschen. Dies kann mit Trennblättern, Abschnitten, farbigen Folien etc. sehr leicht bewerkstelligt werden.

  - *Büroutensilien der Mitarbeiter:* Sind diese richtig sortiert oder herrscht „Chaos" in den Schubladen?

  Man kann sehr viel Büromaterial einsparen und sinnvoll nutzen, wenn man Ordnung hält. Teilweise sammeln sich ganze Lager an Büromaterialien an, von denen der betreffende Mitarbeiter gar nichts weiß. Ein Großteil der Kosten für Büromaterial kann gespart werden, wenn rationell damit umgegangen wird.

  - *Dokumente:* Sollten an einem zentralen Ort verstaut und wiedergefunden werden können. Unnötiges Kopieren verwirrt nur.

  Zum Beispiel: Gutachten, Baugenehmigungen, Verträge sollten an einem Ort, der für alle MA zugänglich ist, die an dem Projekt arbeiten, aufbewahrt werden. Ein zentraler Ort könnte ein bestimmtes Regal im Raum der Arbeitsgruppe sein, oder ein bestimmter Aktenschrank, der ebenfalls leicht zugänglich ist.

- **Reinigen, Sauberkeit:** Mit Sauberkeit verbindet man Verlässlichkeit. Auch im Büro sollte man auf Sauberkeit achten. Hat ein Bauherr zu seinem Planer Vertrauen, wenn die Pläne außer der notwendigen Information noch zusätzlich Kaffee- und Schokoladeflecken enthalten? Dasselbe gilt für den Schreibtisch. Auch er wirkt „verlässlicher", wenn man sich trauen darf, unbeschadet die weißen Hemdsärmel aufzustützen.

Überblick Qualitätsmanagement-Möglichkeiten im Planungsbüro

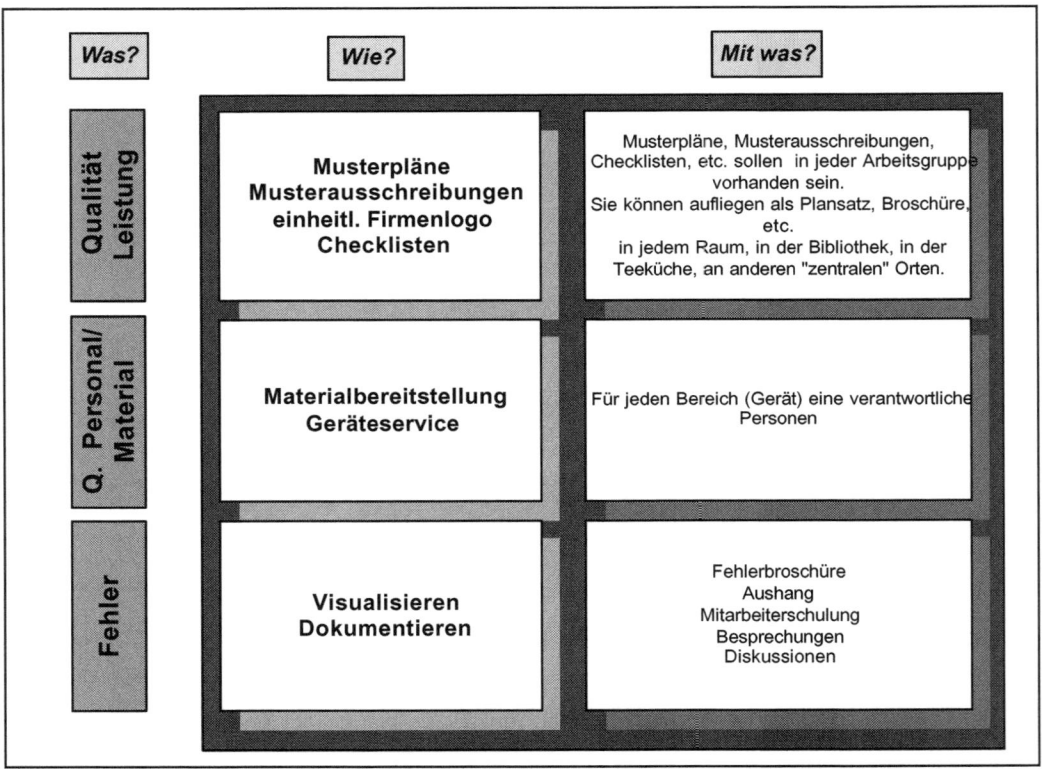

Abbildung 38: QM-Möglichkeiten im Planungsbüro

10 Literaturverzeichnis

Günter Wöhe	Einführung in die Allgemeine Betriebswirtschaftslehre
	Verlag Vahlen, München 1981 (13. Auflage)
Alfred Kieser	Organisationstheorien
	Verlag Kohlhammer, Stuttgart 1995
Wilhelm Klocke	Das wirtschaftliche Architektur- und Ingenieurbüro
	Deutscher Consuling-Verlag, Wuppertal 1981
Peter Müller-Seitz	Erfolgsfaktor Arbeitszeit
	Verlag Beck, München 1996
Gerd Ammelburg	Organismus Unternehmen
	Econ Verlag, Düsseldorf 1993
Klein/Schwarz	Die Neuerungen im Arbeitszeitrecht
	Verlag Orac, Wien 1994
Matthias Rant	Controlling im Planungsbüro
	Österr. Staatsdruckerei, Wien 1992
Knebel/Zander	Führungslehre für Ingenieure und Techniker
	Heidelberg 1985
Georg Drees	Recycling von Baustoffen im Hochbau
	Wiesbaden 1989
Bundesministerium für Forschung und Technik	Passive Solarenergienutzung und Einsparung in Gebäuden
	Statusbericht 1991
Dale Carnegie	Wie man Freunde gewinnt
	Bertelsmann-Club, Gütersloh 1994